编辑之道

案例与思考

刘妮◎著

金城出版社 GOLD WALL PRESS
西苑出版社 XIYUAN PUBLISHING HOUSE
中国·北京

图书在版编目（CIP）数据

编辑之道 ：案例与思考 ／ 刘妮著．-- 北京 ：西苑出版社有限公司，2025．6．-- ISBN 978-7-5151-1089-9

Ⅰ．G232

中国国家版本馆 CIP 数据核字第 2025Y4R934 号

编辑之道：案例与思考

著　　者	刘　妮
责任编辑	许　姗
责任校对	岳　伟
责任印制	李仕杰
开　　本	710毫米×1000毫米　1/16
印　　张	13.5
字　　数	183千字
版　　次	2025年6月第1版
印　　次	2025年6月第1次印刷
印　　刷	小森印刷（北京）有限公司
书　　号	ISBN 978-7-5151-1089-9
定　　价	68.00元

出版发行　西苑出版社有限公司　金城出版社有限公司
北京市朝阳区利泽东二路3号　邮编：100102
发 行 部　(010) 84254364
编 辑 部　(010) 64214534
总 编 室　(010) 88636419
电子邮箱　xiyuanpub@163.com
法律顾问　北京植德律师事务所 17600603461

序

编辑工作是一种经验性的工作，除了知识和技能外，更多的要依靠自己的悟性。同时，编辑工作又是一种具有创造性的工作，在基本的要求之上，可以有多种不同的处理方式，因而又极具挑战性。这正是编辑工作的魅力所在。

回看来时路，编辑做的好像都是很琐碎的工作，策划选题、沟通联系作者、成本核算、编辑加工、对接印厂、图书营销，这些工作贯穿于我们所做的每一本书中。这些工作非常细微，但也很重要。我刚入社时，一位前辈说："认认真真地做好每一本书，认认真真地把所有环节都经历一遍，就是让我们收获最多、成长最快的道路。"这句话对初为编辑的我影响很大，多年来，我也认真践行。

从本质上说，编辑学是实践之学，编辑学的理论是在长期的出版实践中总结和提炼出来的。编辑学不是单一的理论学科，而是一门高度依赖实践的学科，编辑能力的提升也需要在具体的工作中不断积累经验。

从选题策划到成书的过程中，编辑会面临诸多具体问题和实际困难。思考和解决这些问题的过程就是学习的过程，是编辑成长的过程。深度参与每一选题从立项到成书的整个过程，把编辑实践过程中的点点滴滴记录下来，整理成文章，不仅是对问题的复盘和反思，也是为下一次的编辑实践积累经验。关键是做一个有心人，有心就会事半功倍。

本书实际上是我在编辑工作过程中所获得的感悟、经验和认识。在具体的编辑工作案例中总结编辑经验，发现、践行、总结编辑学理论。结合我参与编辑的图书案例，通过在工作实践中细心地体察，探讨编辑在图书出版中的作用、选题的发现、选题策划、审稿、编辑加工、沟通协调作者、营销等一系列出版过程中的编辑经验与感悟，探索编辑工作实践与编辑学原理的互动关系。

编辑案例中涉及的图书有阳明文化类、民族文化类、主题出版物、红色文化类、原创文学作品、学术著作、古籍类图书，均与章节中探索的编辑学知识息息相关，以期在具体的编辑实践中、在做原创精品中提升自己，丰富自己的编辑学知识。这些案例都是重点图书项目，有的已经出版，有的正在编校。

编辑与好书的相遇，既有偶然的机缘，也有必然的积累。唯有在技术与思维上不断精进，时刻保持敏锐与洞察，当机会来临时，才能稳稳把握。

当然，我深知自己还有一些欠缺。书中没有对出版业态的宏观分析，没有对出版理论的深入探讨，只在微观操作层面介绍为了做好一本书编辑付出了哪些心力，经历了哪些不同寻常的过程，遇到了哪些困难又是如何解决的。由于长期做案头工作，参与的图书营销活动较少，相关知识较欠缺。希望本书能抛砖引玉，让更多编辑、学者关注编辑的成长，共同携手创造中国出版的美好未来。鉴于作者水平有限，书中难免有不足和不妥之处，请读者朋友批评指正。

刘妮

2025 年 2 月 3 日

目录

CONTENTS

第三章 编辑的策划力

第四章 编辑的结构意识

第五章 编辑的语言文字素养

第六章 编辑的沟通协调能力

第七章 编辑的学习能力

第八章 地方文献的开发、编辑与出版

第九章 融合出版趋势下的编辑创新

第十章 编辑在数智时代的角色转型

第一章
编辑在图书出版中的作用

从一个想法变成一本书，最终交到读者手中，其间经历了选题策划、组稿、审稿、排版、编辑加工整理、审定发稿、印制、发行等诸多流程。在图书出版中，编辑主要是进行选题策划、编辑加工、营销推广，编辑在其中主要发挥了发现、把关、增值、拓展的作用。“编辑活动的特点，就是生产者始终处于对新产品的设计和精神成果的选择、鉴别、加工和优化的过程中。”①

日本出版名家松本昌次曾说：“编辑是全面动员自己的个性、人格、人生观、世界观以及知识、教养、技术，甚至日常生活方式等个人的一切，从事与专家、作者或创作图书者有关的工作。编辑需要的不是其中某些项目，而是综合上述一切的‘完整的人格’。”

---

① 邵益文：《编辑的心力所向——编辑工作和编辑学探索》，贵州人民出版社2004年版，第79页。

一、发现

编辑的独特价值在于在别人见惯不惊的地方独具慧眼，发现书稿的价值。与此同时，编辑的“发现”还包括对潜力作者的发掘。编辑发现好书和发现有潜力的作者的能力对出版的高质量发展起到至关重要的作用。编辑能够发现什么，就决定他能选择什么，很多好书、好作者都是被编辑发现和选择的。

（一）慧眼识好书

出版社的稿件来源是多样化的，包括作者的自主投稿、机构或团体推荐的稿件、著作权贸易和交流获得的稿件等，随着出版行业不断发展，稿件来源也变得更加广泛和灵活，出版社的编辑需要根据不同的来源渠道进行筛选、评估和策划，确保把好的作品送到读者的手里，把有缺点的稿件送给作者修改，把不好的作品坚决拒之门外。出版具有市场潜力和社会价值的作品，这就要求编辑有一双“慧眼”。

“慧眼”是编辑对图书的一种敏锐的感觉。生活·读书·新知三联书店原总编辑李昕先生把它称为“书感”。“我认为书感是一种悟性，是对书的直觉判断力，对书本质特征的感悟力。简单来说，当一个编辑面对一堆文字和图像材料，他应该懂得怎么编辑，怎么整理，怎么加工，才能使这些材料编得像一本书，一本令人喜欢的好书，一本符合读者期待的书，具有这种能力的人就是书感良好的人。”①

对书稿取舍的过程均发生在编辑正式审稿之前，而书稿的生死就取决于编辑在这个过程中的眼光与判断。拿到书稿时，对书有一个直观的感悟，可以一下子判断它可不可以出，可以出成什么样子的书。这种直观的悟性，就是“慧眼”，也是李昕先生说的“书感”。凡是优秀的编辑，都具有这种功力。

编辑要培育“慧眼”，必须爱书，爱读书，多读书，在这个过程中提升自己的感性认知，逐步积累“书感”，最终才能达到懂书的境界。这是一个逐步积累的过程。如果编辑不爱书、不读书，即使做编辑的时间再长，也不可能对书有正确的判断。

（二）发掘有潜力的作者

编辑的“发现”不仅限于对好内容的识别，还包括对潜力作者的发掘。编辑不仅需要寻找有影响力的作者，还需要发现那些潜在的、有独特视角和创作潜力的新人作者。许多优秀的作者并不一定是知名的学者或作家，但他们的思想和创作潜力是值得肯定的。

有潜力的作家要靠编辑自己去发现、鉴定。编辑要具备远见，从中识别出那些可以长期合作、值得培养的潜力作者，帮助他们在出版行业中逐渐崭露头角。这不仅是对作者的支持，也有助于出版行业的健康发展。

《文化苦旅》是余秋雨的成名作，在正式出版前，也遭受到出版社的退稿。是上海东方出版中心的王国伟编辑发现了它的价值，他能强烈感觉到，这是一本好书。余秋雨将深沉厚重的历史通过非常感性的文学语言表述出来，一下击中了他的心。当时，余秋雨并未成名，其他出版社的编辑

① 李昕：《做书——感悟与理念》，商务印书馆2016年版，第19页。

对这样一位新人作者不是很信任，对其稿件做了退稿处理。同样的例子不胜枚举，《哈利 · 波特》在畅销全球之前，被出版社退稿了12次。最终，编辑意识到儿童文学市场的潜力和对魔法类题材的需求，坚信这本书有着巨大的潜力，成功推动了《哈利 · 波特》系列的出版。最终，这一系列成为全球最畅销的图书之一。

这些案例展示了编辑在发掘潜力作家的过程中所起到的重要作用。从敏锐的市场眼光到对作者作品独特性的深刻理解，编辑的洞察力和策划能力往往是推动一个“未成名作家”走向成功的关键。通过选择合适的出版途径、精准的市场推广和强大的读者培养，这些编辑帮助许多作家从无名之辈变为畅销书作家，最终成就了长销书的传奇。

出版社应该充分发挥“文化生产者”的主体建构功能，忠实履行“文化传播者”的职责与使命。编辑要有超强的鉴赏能力，才能发掘作品的价值，发掘有潜力的作者。编辑应该具备勇气，信任未经考验的作者。当然，编辑信任新作者需要一定的勇气和冒险精神，这部书稿能改好吗？会被读者接受吗？能畅销吗？编辑要有眼力，更要有勇气，还需要有为无名作者默默奉献的决心。

二、把关

编辑的把关作用至关重要。出版不仅是信息的传播，更是文化的筛选与引导。曾任上海人民出版社总编辑的陈昕总结道：“出版是人类冲破黑暗和蒙昧的‘火把’，出版人就是高举火把的人。他们引领着社会精神生活的走向和品质，直接参与了社会精神生活的建构。”①

① 陈昕：《总编辑叙谈》，上海人民出版社2022年版，第13页。

（一）出版内容的把关

在文化传播的过程中，编辑不仅是内容的筛选者，更是文化的守护者。他们的职责不仅是发现和扶持优质作品，同时也要严格把控，防止不良作品流入市场。优秀的编辑应当秉持社会责任感，以文化价值和社会效益为核心，在稿件的筛选与审读过程中发挥“守门人”的作用。

首先，编辑要善于发现好作品，并尽力护送它们“出关”。好作品不仅应具有思想深度、文化价值，还应具备创新性、可读性和市场潜力。当编辑遇到真正有价值的作品时，应当积极推动其出版，并在编校过程中给予支持和完善。对于那些在基本方向上正确但尚存不足的稿件，编辑应以负责的态度帮助作者改进，指出存在的问题，提供合理的修改建议，确保作品在出版时达到更高的质量标准。

与此同时，编辑还要具备鉴别和拒绝不良稿件的能力。市场上不乏以“新”“奇”“异”吸引眼球的作品，但若内容空洞、导向不良，甚至违背社会伦理和法律，编辑应当果断摒弃，不能被所谓的“畅销潜力”所蒙蔽。出版不仅是商业行为，更是文化传播的责任所在，编辑必须抵制迎合低俗趣味、传播不良信息的作品，坚守出版的基本底线。对于一些整体上不可取，但局部内容有价值的书稿，编辑也可以从中提炼有益部分，为作者提供修改思路，使其朝更健康的方向发展。

因此，编辑在审稿过程中，应当始终坚持“社会效益优先，实现社会效益与经济效益相结合”的原则，把社会责任和读者利益放在首位。无论是埋没一部好作品，还是放行一部不良作品，都是审稿工作中的重大失误，而后者的危害尤为严重。不良作品一旦进入市场，其恶劣影响可能远超预期，轻则传播不良观念，误导读者，重则危害社会稳定。因此，编辑必须谨慎履行职责，严格把关，确保出版物能够真正发挥文化传播的积极作用。

（二）出版质量的把关

编辑不仅要具备策划能力，还应掌握扎实的文字加工技巧，二者相辅相成，缺一不可。策划能力决定了选题的前瞻性和市场价值，而文字加工能力则直接影响内容的可读性和表达的精准度。一个优秀的编辑，既能敏锐地捕捉选题方向，又能深入打磨文本，使之更具逻辑性、流畅性和感染力。只懂策划而缺乏文字加工能力的编辑是不全面的，至少称不上一个优秀的编辑。

编辑要牢牢把好“政治观”。编辑工作不仅是一项文化事业，更是一项政治性、思想性极强的意识形态工作，直接关系到社会舆论的导向和文化价值的传播。作为社会文化活动的重要组成部分，编辑不仅要关注内容的学术性、可读性和市场价值，更要严格把控政治立场，确保出版物符合国家政策导向，弘扬主流价值观，传播积极向上的思想。编辑要时刻保持高度的政治敏锐性和责任感，坚持正确的价值判断，对书稿进行严格筛选和审读，避免传播不良思想和错误信息。只有牢牢把握政治观，才能确保出版物的正确导向，使其真正发挥推动社会进步、传播先进文化的作用。

编辑要把好“文字质量关”。实践证明，即使是最著名、最权威的作家和学者，其书稿也难免出现文字差错，甚至在逻辑、论证或表达上存在疏漏。因此，编辑在面对名家和权威的作品时，不能盲目崇拜或轻易放松审核标准，而要始终保持独立的职业判断。编辑需要以严谨、客观的态度审视书稿，确保其语言表达准确、逻辑清晰、论述严密。只有具备专业的判断力和责任心，编辑才能真正发挥作用，保障出版物的高质量，维护出版社的信誉，同时也帮助作者呈现更完善、更严谨的作品。

出版物一旦面世，便会广泛传播影响。因此，编辑的把关作用也体现在核查内容的准确性与真实可靠性上。尤其是涉及专业领域、历史事实、数据统计等信息时，编辑必须对书中的内容进行详尽的核对。对于学术著作，编辑要确认引用的文献、数据和事实是否经过验证，是否存在错误或引用不当的情况；对于大众读物，编辑也需要确保书中所描述的事件、人物、背景等信息准确无误，避免误导读者。此外，编辑还要防范伪科学、谣言或虚假信息的传播，确保出版的图书符合事实和科学原则，能够为读者提供有价值、可信赖的知识。

三、增值

确保和提高质量是出版工作永恒的主题，善于给作品增值的编辑才是一名好的编辑。为作品增值意味着提升作品的质量，为作品增加附加值。不论是优化文稿的质量、外部装帧设计，还是后期营销推广中编辑的推介，都是为作品增值。

（一）为作者理清写作思路

编辑与作者是相互依赖的关系，编辑要得到作者的信任，作者也需要编辑帮助他解决稿件中的具体问题。在出版领域，编辑是专业人士，编辑长期浸润在书业，比较了解图书出版的形势和读者的需求，从专业角度提出的建议对作者完善书稿能起到较好的提示作用。

编辑作为书稿的第一个读者和旁观者，看待问题的角度更客观。编辑要以自己的专业经验为作者给予帮助，整合信息，突出重点，确保全书的结构符合逻辑、层次清晰，或者出谋划策，使图书更具吸引力。编辑深度参与每一选题从立意到成稿的整个过程有助于编辑自身的成长，自身的文字能力和编辑能力也能在工作过程中得到锻炼。

（二）编校提升作品质量

图书通过编辑加工提高作品质量，是图书出版过程中至关重要的一环。编辑不仅仅是对文字内容的修改和调整，更是对作品主题、结构、语言、节奏、可读性等多个方面的全面提升。优秀的编辑能通过精细的加工，让图书的内在价值与外在表现达到最佳状态，提升作品的质量和市场竞争力。

编辑环节要想办法减少差错，提升图书质量。在保证编校质量合格的基础上，为作品增值，语言的打磨与润色也是必不可少的一环。图书的语言风格直接影响读者的阅读体验，语言不够流畅、表达不清晰的书稿很难吸引读者。

编辑需要从读者的角度出发，提升书稿的可读性和市场适应性。编辑要确保书稿结构合理、语言通顺，避免出现冗长复杂的句子、晦涩难懂的表述方式，从而提升读者的阅读体验。对于大众读物，编辑还需考虑市场需求和读者兴趣，判断图书的主题和内容是否符合目标读者群体的口味，是否具有一定的市场吸引力。在这一过程中，编辑不仅要根据内容的质量对书稿进行调整，还需要为作者提供建议，帮助他们提升作品的文学性和市场价值，最终达到思想价值与商业价值的平衡。

（三）版式细节与封面设计

编辑不仅要关注图书的内容质量，还要为其找到合适的呈现形式，使内容与形式相得益彰，提升读者的阅读体验和购买意愿。一本书的版式设计直接影响阅读的舒适度，编辑需要从字体选择、行距段落、图文编排等细节入手，确保版面清晰、美观、富有层次感。对于专业图书，编辑应注重逻辑清晰的排版，方便读者理解和查阅；对于文学作品或艺术类图书，则要注重版式的美感与情感表达，增强视觉吸引力。同时，不同类型的图书在纸张、印刷方式上的选择也需经过深思熟虑，以确保最佳的阅读效果。

封面设计不仅是一本书的“门面”，更直接影响市场接受度。好的封面设计能够精准传达图书的主题和气质，引导读者产生兴趣，而装帧的巧思则能增强图书的收藏价值和阅读体验。高端典藏类图书可以采用精装、烫金工艺，而轻阅读类图书则可以使用轻便柔软的封面设计，方便携带与翻阅。编辑在这一过程中，需要与设计师密切配合，确保封面视觉与内容风格一致，使一本书在内容、设计、市场接受度之间达到平衡，从而更好地传递图书的价值。

四、拓展

编辑的拓展作用不仅体现在拓展选题、延长产品线，而且还体现在拓展多元化的传播渠道，提升图书的市场覆盖面和生命周期，实现图书的获利。没有出版社的营销推广，那么图书就处于自生自灭的状态之中。拓展和增值是相互影响和相互关联的，一本书经过推介，就会形成自身的影响力，影响力可使一本书的价值得到凸显，这就是为书增值。

（一）拓展选题，延长产品线

“选题拓展顾名思义就是在当前的选题项目实现，图书出版后，如何利用选题过程中发现的线索、经验和思路，开发新的选题。”① 在一个选题结束后编辑要适时进行总结，直面上一个选题策划中存在的各种问题，

① 曹维琼，张忠兰：《微观编辑学》，人民出版社 2018 年版，第 31 页。

想办法去解决这些问题，形成新的选题来源。

拓展选题和延长产品线是提高出版社出版质量和市场竞争力的重要手段。图书产品的系列化开发和拓展，有助于优质出版内容社会效益与经济效益的最大化。“出版社的发展越来越注重强调自身的出版特色和定位，以特色创品牌，以品牌赢市场。选题策划忌散、乱、杂，无论是出版社，还是编辑个人，都要有整体规划。”①

作为图书编辑，拓展选题是建立在前期编辑经验的基础之上的。从一本自投稿件发现一个选题，从一个选题策划一套丛书、从一套丛书做成一个版块，并持之以恒挖掘这口“深井”。图书的选题拓展与产品线延长，不仅仅是为了满足市场的需求，也是为了提升出版社的竞争力和品牌影响力。编辑能够为读者提供更丰富的精神文化产品，同时提升编辑自身的视野和工作水平。

（二）延伸图书的边界

随着数字化时代的到来，编辑不仅要专注于传统纸质图书的出版，还需要关注数字化出版、音频图书、视频内容等多平台的拓展。通过多元化的传播渠道，编辑可以极大地延长产品的生命周期和受众覆盖面。图书内容与其他文化产业的结合也是一种拓展选题的有效方式。图书可以借助其他文化形式的影响力，扩大其在相关领域的覆盖度，吸引更多的受众。

图书编辑可以根据图书的内容和风格，开发相关的衍生产品，这不仅能延伸图书的边界，还能为出版方创造额外的收益来源。改编成电影或电视剧的原著图书会得到更多市场关注。出版社还可以根据影视作品的热

---

① 迟云：《一个编辑的视角：如何做好选题策划》，《中国编辑》，2019 年第 1 期。

度，推出电影或电视剧的小说化版本、图文版、导演版等，进一步延长产品线。

编辑在开发衍生产品时，需要准确把握图书的核心价值和受众需求，确保衍生产品与原著内容的高度契合，从而更好地提升品牌形象和市场竞争力。图书中的知识性内容也可以转化为在线课程、讲座、工作坊等教育类产品，满足不同读者群体的需求。另外，针对儿童类图书，可以开发教育玩具、益智游戏等衍生产品，增加亲子互动体验。通过这些衍生产品，出版社不仅能扩大图书的影响力，还能拓展收益渠道。

对于有较大国际市场潜力的图书，编辑可以通过翻译和版权输出，将图书推广到海外市场，扩大图书的影响力。尤其是那些具有文化特色、历史背景或国际通用的主题，能够引起海外读者的兴趣。如贵州人民出版社2022年出版的图书《老干妈和她的辣酱帝国》，深度揭秘了贵州籍“国民麻辣女神”老干妈陶华碧的彪悍人生和老干妈公司的成功嬗变，谱写了一曲中国民营企业思变图强、奋斗不息的传奇。该书成功实现版权输出，贵州人民出版社与加拿大皇家柯林斯出版集团签署了该书英文版版权授权协议。

图书编辑通过多元化的思维和创新营销方式，能够有效延伸图书的边界，从单纯的纸质图书扩展到多种形态和渠道，提升图书的市场覆盖面和长期生命力。这不仅能够增加图书的销售渠道，还能打造出一个全方位、多维度的文化产品，拓宽图书的传播范围，持续为读者带来新的体验和价值。

（三）拓宽销售渠道

图书编辑拓宽销售渠道的策略多种多样，关键是根据目标读者群体、图书内容特点及市场需求，灵活运用线上线下、传统与创新的方式，形成多层次、多维度的销售网络。通过精准的市场定位、跨界合作以及多平台的宣传推广，编辑可以有效地拓展图书的销售渠道，提升图书的市场影响力。

通过线上线下的结合，图书的销售渠道和覆盖面可以大大扩展，能有效扩大图书的销售范围和影响力。编辑可以与地方性书店、教育机构、图书馆等合作，形成线上和线下联合销售的战略，提升销售效率。通过社交媒体平台（如微博、微信、抖音、小红书等）编辑可以直接与潜在读者进行互动，提升图书的曝光率和认知度。通过组织和举办各类读书会、读者俱乐部等活动，编辑不仅能直接接触到潜在读者，还能通过口碑传播促进图书销售。图书发布前后的宣传和推广活动可以帮助拓宽渠道并提高销量。举办线下读书会或签售活动：邀请作者、学者、书迷等参加活动，激发读者的购买欲望。

拓宽图书销售渠道对于出版行业至关重要。它不仅有助于优化库存管理、减少滞销风险、提高出版效益，还能提升图书的市场覆盖率，满足不同读者群体的需求，增强出版社的竞争力。

案例

创造性转化与创新性发展：阳明文化系列选题的开发

2014 年 3 月 7 日，习近平总书记参加十二届全国人大二次会议贵州代表团审议时特别指出："王阳明曾在贵州参学悟道，贵州在弘扬传统文化方面有独特优势，希望继续深入探索、深入挖掘，创造出新的经验。"同年，在纪念孔子诞辰 2565 周年国际学术研讨会上，习近平总书记指出："努力实现传统文化的创造性转化、创新性发展，使之与现实文化相融相通，共同服务以文化人的时代任务。"

王阳明在贵州龙场（今贵州修文县）悟道，后又在全国讲学授徒，并将他的心学传播到亚洲和全世界。修文因此被誉为“王学圣地”和“心学故乡”。为发扬光大阳明心学，当地政府建造了“中国阳明文化园”和“王阳明纪念馆”。文化园区占地3500余亩，总体布局为“一带二心三坊六区”。王阳明纪念馆新馆面积达到3600平方米，现馆内藏有国家一级文物——王阳明记功碑复制品，阳明学相关专著600余本，年代跨度400余年，有欧美、日韩及国内专家的众多著作。阳明心学的根在贵州，研究阳明心学的第一手资料也在贵州。

为贯彻落实习近平总书记重要指示精神，我们依托当地文化资源优势，策划出版了一系列阳明文化图书。包括一套校本教材《立志与成才》《修养与成才》、一本历史纪实小说《龙冈四规——王阳明的人生法则》（以下简称《龙冈四规》）和一本国学漫画《阳明说》。

一、发现选题资源：《教条示龙场诸生》提供立德树人的实践路径

王阳明龙场悟道和书院讲学活动给贵州及整个中国留下了宝贵的精神财富，阳明文化相关出版物层出不穷。如何在热门题材中发现新的选题？这就要求编辑独具慧眼，具备发现和选择的能力。

2020年8月，贵州人民出版社教材教辅编辑室收到修文县第一中学校本教材《传习路——中华优秀传统文化读本》。编辑收到作者的自投稿件，首先是对书稿进行审读，得出初步的判断，这是编辑加工的第一步。编辑通读全文，认为：读本政治导向正确，重视宣传推介阳明文化，原创性强。稿件有一定的出版价值，但存在一些问题：散，属于传统文化汇编读本，同类产品多，主题不突出；长，该套书初中六册、高中四册，体系庞大，结构不清晰；难，大篇幅的古文，没有注释学生很难理解，难以达到“学原文、悟原理，入心入脑，真知真行”的目的。

基于以上审稿意见，编辑团队没有急于进入编辑加工环节，而是对该

选题进行了调研。“选择是编辑价值最基本的体现。”① 编辑梳理书稿信息，认为“阳明文化”是全书的亮点，将其作为选题的基本线索，可以构建出一个完整的读本系统。

教材的编写开发是一项复杂而庞大的系统工程，更是一次严峻的挑战。社里对选题高度重视，为此，编辑团队实地走访了修文县第一中学，切实感受到学校浓厚的“良知教育”氛围。在学校文化长廊中发现了“立志”“勤学”“改过”“责善”四块石刻，《教条示龙场诸生》一文就这样走入了编辑的视野。

根据史料记载，“黔中之有书院，自龙岗始；龙岗之有书院，自阳明始。”王阳明是贵州教育史上的重要人物，在龙场悟道后，创建龙岗书院教化育人，揭开了贵州书院讲学运动的序幕。龙岗书院入学教育的第一课便是《教条示龙场诸生》，这是王阳明龙场悟道的重要成果之一，是王阳明教育思想的第一次系统表达。文中提出“立志、勤学、改过、责善”的校训、教规、学规，对于当下的教育仍有积极意义。

教育的根本任务是立德树人。2018 年 5 月 2 日，习近平总书记在北京大学师生座谈会上的讲话中指出：“人无德不立，育人的根本在于立德。这是人才培养的辩证法。办学就要尊重这个规律，否则就办不好学。”②

如何实现立德树人？王阳明的答案是“立志、勤学、改过、责善”，古人的智慧为当代教育赋能。“从教育哲学的视角观照，王阳明良知心学的实质，就是一种道德人文主义的教化之学，它对于我们‘把立德树人作为教育的根本任务’的现实启迪就在于，以人文素质和道德教育为优先，同时兼顾知识教育和技能教育。”③ “阳明先生提倡通过内省和知行合一

---

① 于殿利：《出版是什么》，中国传媒大学出版社，2018 年版，第 144 页。

② 习近平：《在北京大学师生座谈会上的讲话》，《人民日报》，2018-05-03。

③ 张宏敏：《王阳明〈教条示龙场诸生〉的教育哲学意义》，《孔学堂》，2017 年第 2 期。

的方式，提升自我道德修养，他主张通过‘改过、责善’等途径，唤醒受教育者的良知良能，使其自省、自修、自足。自省与改过的过程，就是一个人培根修心、向美向善的过程。”①

王阳明提出“知行合一”，“知”是他的心学体系，“行”是他的实践体系，“立志、勤学、改过、责善”是知与行的结合，是“行”的要诀，是修养成才的方略，是立德树人的路径。阳明心学实际是行动之学，实践出真知，实践育人才。习近平总书记强调“所有知识要转化为能力，都必须躬身实践。要坚持知行合一，注重在实践中学真知、悟真谛，加强磨炼，增长本领”②。

二、选题策划：从普及传统文化的汇编读本到阳明文化专题读本

在选题策划中，编辑能否有所作为，又可以有哪些作为？这实际上是对编辑的再创造能力的考验。这就要求编辑提前介入选题，带着问题策划创意，帮助作者理清写作思路。

教育部发布的《完善中华优秀传统文化教育指导纲要》，提出要把加强对青少年学生中华优秀传统文化教育作为一项战略任务。指出加强中华优秀传统文化教育面临的困难和挑战之一就是课程和教材体系有待完善。

通过不断向前辈学习、与教育专家、一线名师共同探讨、反复琢磨，从最初的懵懂到逐渐厘清编辑思路。基于审稿意见、书稿实际和现实要求，编辑与作者达成共识，确定了新的选题方向，推翻了书稿原有的结构，对读本的主题、定位、选材、逻辑结构、编写方案、书名等方面进行重新设计，重新搭建起新的读本体系。

首先是读本的主题和定位。读本结合修养与成才的教学要求，以《教

---

① 汪瑞林：《“良知教育”：立德树人的实践路径》，《中国教育报》， 2020-09-03.

② 习近平：《在知识分子、劳动模范、青年代表座谈会上的讲话》，《人民日报》， 2016-04-30.

条示龙场诸生》一文为纲，通过读原文、悟原理，将“立志、勤学、改过、责善”内化于心，贯穿于学生成长成才的过程。读本定位为入学教育读本，为初一年级、高一年级学生的入学必修课。

其次是读本的选材和逻辑结构。基于读者群体是中学生，读本摒弃枯燥理论和烦琐史料，采取以作品为主的编写体例，围绕《教条示龙场诸生》，寻踪王阳明的贵州足迹，了解王阳明的生平事迹，品读王阳明的诗文信札。读本分为初中版《立志与成才》和高中版《修养与成才》，每册各六讲，十二个课时。第一、二讲用讲史的方式整体论述介绍王阳明。第三讲至第六讲用专题研习的方式介绍“立志、勤学、改过、责善”四个主题，把知识转化成情境，侧重对学生的启发和引导。

再次是读本编创团队的组织。读本的编创团队是修文县第一中学的老师。一线教师参与编写读本，是优化编写队伍的重要一环。他们能够把教学实践的要求落实到教材编写中，使内容与课堂教学不致脱节。但多位作者合作的作品也容易产生问题，一是内容容易重复，二是行文风格不一，三是章节不易平衡。编辑在预设全书框架时就考虑了每一讲执笔老师承担的任务，保证课程内容和课时匹配。编辑与作者发挥各自的专业优势，在沟通中互补磨合，意见很快统一。

最后是加强编辑加工环节。书稿编辑加工的过程是融入编辑优化美化创意的过程。主要包括书稿审读、编辑加工、装帧设计三个环节。书稿审读和编辑加工主要解决书稿的内容质量的问题，装帧设计主要解决书稿最终呈现形式的问题。

三、选题拓展：从阳明文化专题读本到历史纪实小说

在与修文一中合作编写校本教材的选题策划阶段，编辑对王阳明有了更深层的认识，做了《立志与成才》和《修养与成才》这两本书后，对王阳明有了一些认识，想在这个选题上再做些延伸。他一生都致力于教化育

人，讲学是他后期的主要活动，也是他立言的一种方式。王阳明教书育人的故事饱含着辩证法的哲理，是人生哲学。通过师生之间的问答互动，建立良好的师生关系，一问一答中传递王阳明的教育理念和价值观。但由于读本课时和文学体裁的限制，其中收录的王阳明讲学故事有限且不成体系。编辑想通过对同一个主题的拓展利用，让更多的读者了解王阳明的讲学活动和教书育人的故事，转换历史宏大叙事的方式，以鲜明的人物形象和“立志、勤学、改过、责善”的典型故事弘扬主题。以期通过教育一个学生，带动一个家庭，影响整个社会。

目前市面上研究阳明文化的学者和著作很多，但他们基本都是从学理的角度展开，这种学术化、理论化的风格，大众不易接受。如何让阳明文化从内容、体裁、表现形式等方面能够真正为大众所接受，是传统文化创造性转化需要找到的突破口。

首先是文学体裁的选择。内容上，选题力图讲好王阳明为人为学的教育故事，不同于王阳明大传，侧重展示教师如何教、学生怎样学的具体情境。用讲故事的形式强化教育功能，侧重对读者思想的启发。小说无疑是最好的选择，小说是以刻画人物形象为中心，容量较大，通过作者的提炼和安排可使故事紧凑、重点突出。

其次是作者的选择。面对青少年读者，故事性、可读性、趣味性是必须要考虑的问题。编辑决定向贵州省作家协会副主席王华约稿，理由有二：一是创作实力，她是一位创作门类特别丰富的作家，长短篇小说、报告文学、影视剧本、少儿科普等门类均有建树。二是编辑与作者前期有合作《海雀，海雀》（贵州人民出版社 2016 年出版）的基础。在此书策划期间，恰逢《海雀，海雀》获得第十二届全国少数民族文学创作骏马奖，编辑与王华一同去赫章县开座谈会的路上，谈及王阳明历史纪实小说的选题构想，并向王华约稿。王华表示对该选题有兴趣和创作意愿。书稿的主题和大纲经讨论达成一致后，形成了初步的出版方案。

最后是项目的立项和资金的筹集。首先是做好项目填报，展示出版社承担项目的优势、项目的价值、可行性、筹备进展情况、运作周期、经费预算等，形成书面申请。历史纪实小说《龙冈四规》已在贵州省新闻出版局立项，成为重点选题。其次是成立项目小组，确定项目的负责人、联络人、责任编辑。最后是筹集项目资金，出版是一个系统工程，要依靠集体的力量，本项目已经申请到贵阳市委宣传部以专项文艺创作基金、出版资助等方式进行资金支持。

四、选题延续：从历史纪实小说到阳明国学漫画

王阳明讲学的故事画面感强，师生之间的对话又极富有引导性和启发性，用漫画的表现形式会更加生动，编辑在前面三本书的基础上，衍生出漫画《阳明说》的创意。

国学漫画以青少年为读者对象，以哲理漫画和连环故事为整体编创思路。选题具有实际可操作性：首先，前期的小说创作为漫画创作积累了大量的故事素材；其次，从小说转换为国学漫画，体裁的转换充满了可能性和挑战性；最后，市场有需求，市场上适合小朋友看的阳明文化类的书品种较少。

漫画是包括图像与文字的特殊文本，漫画脚本的撰写对漫画的最终呈现有至关重要的作用。在确定漫画绘制者后，参与前面两个选题的责任编辑，在策划创意和编辑加工中，积累了大量的一手资料，对王阳明一生的轨迹和其思想的发展演变有了清晰的了解，无疑是漫画脚本创作最合适的人选。

编辑参与漫画编绘，进一步细化漫画的框架结构，提炼王阳明教育思想的关键词，设计漫画的故事主题，经过层层细化，梳理出五十余个王阳明的教学故事，充分发挥编辑在该项目中的出版引领作用，助推项目组织

实施。

对选题资源的拓展利用，将阳明文化专题读本衍生为历史纪实小说，同一主题，表现体裁的转变可满足不同层次的读者或同一层次不同阅读习惯的读者的阅读需求。编辑从选题创意的策划者转变为系列项目的组织者。

王阳明《教条示龙场诸生》系列选题是传统文化进校园创造性转换、创新性发展的一种尝试。在该系列选题的策划出版中，编辑通过结构检查、结构创建、结构转换、结构延展的运用，从校本教材的修改创意，到历史小说的策划创意，再延展到国学漫画的项目策划并参与实施，完成了从被动地编辑加工到主动地选题策划的角色转换，也是编辑职业体验的升华，充分展示了编辑的出版引领作用。

五、视角转换，系列出版项目的融媒体思考

出版业是需要与时俱进的行业。随着互联网和社交媒体的迅速崛起，传统的出版方式和营销方式受到冲击，编辑也要在变化的大环境中求新求变。“编辑发现一个题材，不能囿于专业分工，只琢磨如何做好出版，而是要学会采取多视角的观察探究、策划多元的开发拓展、思考多媒体的协作运行、运用多手段的经营管理题材。”①

以上两个选题的策划是通过传统的选题策划方式，能不能在传统出版的基础上融入全媒体思维，把阳明文化系列选题做成可持续、广传播的立体化项目？实现对选题资源的多元化开发、多形态呈现、多层次利用。

首先是多元化开发，主要体现为产品的多元化。同一个主题，我们策划了一套校本教材、一本历史纪实小说。在小说创作完成的基础上，有了故事的底本，可进一步拓展产品形式，促成作品改编为实景剧、国学漫画

① 曹维琼，张忠兰：《微观编辑学》，人民出版社 2018 年版，第 45 页。

或者儿童绘本。针对不同读者不同层次的阅读需求打造多元化的产品，如针对受众年龄小的儿童，他们心智尚未成熟，喜欢看图片和动画。编辑将市场信息和读者倾向提供给作者选择，确定漫画内容和漫画主要人物，从宏观剧情到分镜处理，全程参与策划与创作的过程。依托系列产品的品牌优势，拓展产业链。

其次是多形态呈现，主要体现为内容呈现方式的多形态。新兴媒体的兴起使得读者的阅读方式更加多元，传统的纸质媒体与新兴的科技手段结合，能满足读者阅读个性化、碎片化的特点，提升阅读体验。这就要求在图书策划时融合多种媒体形态，传统纸媒、电子书、大数据出版、音频、视频等。通过扫描图书中的二维码，实现从纸质媒体到手机阅读的平台转换，实现电子阅读、有声听书、影视化呈现，为读者营造听读环境，提供更好的知识服务。传统出版与新媒体的融合，将纸质出版物、电子出版物、音像出版物整合，让读者在视听中体会、理解阳明文化，在其融合的过程中实现内容增值。

最后是多层次利用，主要体现为选题资源利用的多层次。对于不满足于现状的出版人来说，创意是在出版实践逐步深化和拓展的。加强阳明文化渗透力建设，实现阳明文化与玩具、游戏、旅游等产业的多方联动。依托阳明文化专题读本的实体图书，推动建立线上精品课。打造图书周边产品和衍生产品如图书海报、封面T恤、书名马克杯、插画帆布包、漫画卡通形象玩偶等，实现线上线下的融合。

《教条示龙场诸生》系列项目的融媒体思考，是对传统出版形式的突破，形成文本、图像、声音三者的交互。通过融媒体思考，延长产品线，为图书增加附加值，拓宽阳明文化系列选题的新业态。

在宣传、弘扬、研究阳明文化的大潮中，王阳明悟道之地——贵州是无可争议的重镇。贵州省委、省政府将深入挖掘和传承“阳明文化”写进贵州“十四五”规划建议，助力推动文化大发展、大繁荣。贵州人民出版社作为一家地方性综合性出版社，有责任和义务深入挖掘本土优势，宣传和推介阳明文化，提高阳明文化影响力、感染力和渗透力。

六、结语

出版是一个注重创新的领域，编辑要在创新中发挥作用。从普及传统文化的汇编读本到阳明文化专题读本《立志与成才》《修养与成才》，从阳明文化专题读本到历史纪实小说《龙冈四规》，再从文学读本引起融媒体项目的思考。通过深入挖掘选题资源、多角度拓展选题、延长产品线，实现选题资源的利用和拓展。编辑在其中主要发挥了发现、选择、增值、拓展的作用。编辑从被动地审稿到主动地策划再到更主动地拓展创新。编辑角色转换是对编辑策划能力提升的考验，也是编辑角色转换的体验。从一本书的策划到一个出版项目的策划，再上升至融媒体的思考无疑对编辑的策划能力提出了更高的要求。这就要求编辑在出版实践中逐步成长为具有全程策划能力和融媒体思维的大出版人才。

第二章
编辑的洞察力

选题资源是一个出版社的立社之基、生存之本、发展之道，是出版社赖以生存和发展的支柱。在编辑工作中，选题策划是非常关键的环节。随着市场需求的多样化和个性化，传统出版行业已经面临激烈的竞争，如何寻找新的、独特的选题成为出版人必须思考的问题。

洞察力是编辑职业中至关重要的一项能力，出版到处有黄金，很多时候我们缺少的是洞察的能力，缺少的是出版的敏感性。编辑会接触大量的书稿、提案和创意，这些原始材料中蕴藏着无限的潜力。编辑的眼光，就是从这些海量的信息中发现那些真正值得关注的、具有潜力的选题。编辑要从大量书稿中挑选出那些具有出版价值和市场潜力的作品，首先需要有对信息的敏锐观察和深刻理解的能力。

一、在见惯不惊的地方发现选题资源

日常生活中的细微观察，常常能激发出图书选题的灵感。编辑不仅要有敏锐的眼光，更要能够从普通的生活现象中洞察到背后的深层次意义。这种“从生活中汲取灵感”的方法，不仅能满足读者日常的阅读需求，还能激发编辑对普遍现象的深刻思考。

（一）敏锐的观察力

敏锐的观察力是编辑发现选题资源的基础，它意味着能够从日常生活、社会现象、文化动向中察觉到别人忽略的细节。这种观察力不仅仅是单纯的看，还包括对信息的收集、归纳和关联。编辑通过对周围世界的持续关注，积累对各种趋势、人物、行为模式的深刻理解，从中提炼出有价值的选题。许多选题的价值，就体现在它能够将看似微不足道的小事，和更宏大的社会变迁联系起来。

一个好的编辑要具有独到的眼光，能够从日常的、看似普通的信息中挖掘出潜在的选题资源。编辑要多逛书店、多看书。通过逛书店可以了解市场上出了哪些新书，哪些书好卖，书店重点在推哪些图书，它们有什么特点等。书店逛多了，慢慢地就会对书有感觉。不同的书设计风格不一样，用纸、用色、印刷工艺也不同，这些编辑都需要了解。编辑如果不逛书店，不研究图书，很容易变成井底之蛙。

编辑需要学会从生活中发现具有潜力的选题——那些常被忽视的现

象、趋势或细节，往往蕴含着巨大的创作空间。日常的社会变迁、文化现象、生活中的小故事，都可能为图书选题提供灵感。余华的《活着》是一个经典的例子。这篇小说的故事源自普通人的生活，通过一个农民家庭的艰难历程，讲述了生命的无常与生死的意义。余华并没有借助宏大的历史背景或复杂的社会结构，而是从一个普通农民家庭的生活细节出发，通过日常的困境和悲剧呈现出人生的沉痛与宽容。这本书的选题灵感，正是来源于对中国社会底层民众日常生活的细腻观察。在现代化进程中，农村人群的困境、命运的波折，往往是被忽视的角落。通过“生活中的不幸与无常”这一简单却有深刻含义的切入点，余华将这一现象转化成了全世界都为之动容的文学作品。

（二）深刻的思辨力

在敏锐观察的基础上，编辑还需要具备深刻的思辨力。思辨力帮助编辑在面对大量信息和选题资源时，能够进行更深层次的分析和判断。深刻的思辨力意味着编辑不仅仅停留在表面的观察，而是能够对现象背后的原因、影响和未来趋势进行深入分析。这种思辨力帮助编辑从复杂的信息中抽象出有意义的主题，从而将选题从一个简单的现象提升到更具深度的探讨。

编辑的思辨力还体现在系统性思维上。即能够从整体的社会背景中提炼出一个现象或问题，并从宏观的角度进行分析。从小事看大局，如编辑通过思考全球变暖问题，可能发现其背后不仅仅是气候变化的科学议题，而是涉及全球经济、能源政策、科技创新等多个领域的系统性问题。通过这样的系统性思维，编辑可以将选题从一个局部问题拓展为一个具有广泛影响的跨领域话题。

（三）准确的判断力

编辑的洞察力不仅仅体现在选题的发现上，更体现在对选题价值的判断上。选题的价值不仅仅体现在它的知识性和信息性，更在于它是否能够触及社会的核心问题或普遍的情感需求。

作为编辑，不能单纯根据个人兴趣来判断，而是要站在更广阔的视野中，考虑到读者的需求和社会的文化氛围。了解出版社的定位和风格，确保所选的书稿契合出版机构的品牌价值和市场方向。一个选题是否有深度、有思考，能否激发读者的兴趣，是编辑需要评估的重要方面。一个有价值的选题，往往能够引发读者的情感共鸣，激发他们的思考或行动。

2011 年是中国共产党成立九十周年，商务印书馆推出了一本很有社会影响的图书——《信仰的力量：红岩英烈纪实》。该书从信仰的角度切入，讲述了红岩英烈的事迹，展示共产党人的崇高信仰及其恒久价值，与既往一般的红岩题材作品相比，价值和意义的深度、高度都有了进一步提升。纪念红军长征胜利八十周年时，人民出版社又推出《跟着信仰走：我们家的长征故事》，同样以“信仰”为主旨，也取得了很大成功。

二、从已有选题中拓展延伸新的选题

从已有的图书选题中拓展和延伸新的选题是选题策划的一个重要方法。这个过程不仅要求编辑具备对市场的敏感度，还需要在原有选题的基础上进行创新，找到新的创作空间，开辟新的市场。通过精确的市场定位、合理的内容策划、与时俱进的创新思维，编辑不仅能为读者提供多样化的阅读选择，也能让出版社在市场中占据有利地位。

（一）深度挖掘已有选题的潜力

经典图书的再版、修订和更新是编辑延长产品线的有效方式。有些选题如学术类作品是具有时效性的，随着时间的推移，可能有更新和变化，编辑可以结合新的研究成果进行补充和扩展，根据新的变化和读者的新需求，推出新版或系列版本。对于经典的文学作品、历史传记、学术著作等，可以通过精心编辑和重新包装推出新的版本，结合现代设计、注释和解释，满足新的读者需求。比如，增加插图、解读、注释或编写全新前言等，以使其更符合现代读者的阅读习惯。

在已有选题的基础上，寻求跨领域合作与联动。通过跨领域合作，编辑可以拓展选题的边界，将不同领域的知识、思想和经验融合在一起。在当今跨学科的背景下，编辑可以从学科交叉的方向思考选题的来源。例如，可以将文学与心理学、历史与哲学、艺术与社会学等不同领域进行结合，推出跨学科的作品。主动探究已有选题的细分领域。有些选题的主题本身是很宽泛的，编辑可以在该主题的基础上，挖掘其中的细分领域或相近的子主题。同时，编辑还可以与其他出版单位、机构、专家合作，联合出版专题图书或系列丛书，形成合作共赢的局面。

（二）基于市场反馈延伸新的选题

发现读者的痛点和需求，延伸新的选题。编辑应充分关注读者反馈与评论。读者的反馈、评论和评分是非常有价值的信息来源，编辑可以通过分析这些反馈来发现读者的痛点和未满足的需求。这些反馈不仅能帮助编辑调整现有作品的内容，也能为拓展新的选题提供灵感。定期进行市场调研，尤其是在大型书展或图书销售数据分析的基础上，编辑能够更准确地把握读者需求，针对性地推出相关选题，延长产品线。

分析市场上的畅销书和长销书，了解当前读者的阅读偏好和需求趋势，拓展延伸新的选题。社交媒体和网络平台是了解读者兴趣和趋势的重要渠道。编辑可以通过监测社交平台上的话题趋势、阅读群体的讨论等，获取受欢迎的内容和热点问题，进而根据这些趋势延伸出新的选题。

充分挖掘小众市场是编辑延长产品线的另一种方法。通过对目标市场进行细分，编辑可以发现某些小众领域或特定人群的需求。这些市场虽然规模较小，但具有较高的忠实度和专注度。在延长产品线时，编辑可以根据这些细分领域的需求，推出一系列相关的图书，形成系列化、品牌化的产品线。

三、基于作者资源拓展新的选题

充分利用作者资源，向同一作者延伸更多内容。如果一位作者已经出版过图书并取得了较好的成绩，编辑可以与该作者探讨是否可以基于已有图书的内容延伸出更多相关图书。

鼓励作者跨领域写作，有些作者可能在某一领域有深厚的研究基础，编辑可以与其探讨如何基于已有研究，延伸至其他相关领域。例如，某些知名作家的作品可以从不同的角度和深度进行挖掘，编辑可以鼓励作家继续创作相关系列作品，形成作家的品牌效应。通过不断推出该作者的其他作品，编辑能够形成独特的出版系列，并扩大该作者的影响力与市场份额。

与作者建立长期稳定的合作关系，不仅有助于编辑保持出版产品线的持续性，还能在选题策划上形成深度共创。通过与作者的长期互动，编辑能够更深入地理解作者的创作风格和学术研究方向，从而精准匹配市场需求，推动选题的优化与创新。同时，稳定的合作关系也有助于增强双方的信任感和默契度，使编辑与作者在内容策划、写作方向调整以及市场推广等方面形成良性互动，共同探索更具前瞻性和影响力的出版项目，为读者提供更加优质的阅读内容。

四、地方特色资源是出版选题的富矿

中国地域广大，地理环境各异，有五千年的文化底蕴，有丰富多样的地理资源和独具特色的地方文化，这些都是取之不尽、值得深入挖掘的出版资源。

（一）地方特色资源

地方出版社深耕地方特色资源，对于打造地方出版品牌具有举足轻重的作用。地方特色资源具有独特性和排他性，因其本身的差异性和代表性，使得相关选题在内容上具备明显的地域特色，从而有助于出版社避免选题的重复，确保所出版的作品在市场中脱颖而出，建立独特的出版品牌。

所谓地方特色资源，是指某一特定地域在长期的历史演进过程中，形成的独具特色且与其他地区不同的区域性资源。这些资源具有差异性、唯一性和代表性，体现了当地的自然与文化特色。

地方特色资源大体可以分为自然资源和社会资源两大类。自然资源包括该地区的自然景观、自然遗产、动植物资源以及矿产等，这些资源是当地得天独厚的优势。例如，某些地方的独特自然景观或濒危动植物物种，具有很高的研究价值和商业潜力。社会资源则包括丰富的历史文化、风土人情、工农业文明以及地方精神等，往往蕴含着深厚的文化底蕴。反映这些社会资源的文物、历史遗址、博物馆以及当地人物等，都是出版物选题的重要来源。

地方特色资源通常是其他地区所没有或极为稀有的，这使得围绕这些资源策划的选题在市场上具备独特性。例如，近年来许多国家级的重大出版选题，往往都涉及地方特色资源的挖掘和利用。从国家级图书奖、国家重点出版物规划项目到国家出版基金项目，涉及地方特色资源的出版项目屡见不鲜。由此可见，地方出版社如果能精准挖掘和深度耕耘地方特色资源，就能够获得更多的政策支持和市场机会，推动出版物的质量提升，并有望获得国家级出版项目的认可。

地方出版社要充分发挥地方特色资源的优势，将其与当地的历史、文化、风景等结合，打造具有地方文化深度的出版物，不仅能丰富出版内容，也能在激烈的市场竞争中形成独特的品牌识别度，推动地方出版事业的发展。

（二）地方出版社挖掘特色资源的优势

1. 作者资源和选题资源优势

“近水楼台先得月”，地方出版社往往对本地科研、经济、文化等领域有更深入的了解。这使得他们能够及时获取到与地方特色相关的选题信息，相较于外部出版社，地方出版社的选题调研更加便捷和高效。地方出版社与当地党政机关、企事业单位、科研机构、高等院校、社团组织等保持着紧密的联系，因此能够第一时间了解和接触到本土的学术成果、文化活动及社会发展动态。这些资源在地方特色选题的挖掘中，具有不可替代的优势。

此外，本土作者与地方出版社之间的文化契合度较高，编辑可以通过深入了解地方的文化、历史和社会背景，挖掘潜藏的灵感。编辑可以通过主动地与本地社会互动，真正走进当地的生活场景，了解真实的市场需求，从而激发更多具有出版价值的选题。

地方作者的作品常常能够反映出本土文化的深层次问题和社会现象，因此有潜力成为市场中的精品。然而，地方出版社如果仍保持传统的“坐等作者上门”的工作模式，就会错失许多潜在的优秀选题资源。编辑要突破传统的思维方式，主动深入社会的各个层面，服务于地方经济和社会发展，走到市场前沿，才能真正挖掘出有潜力的好选题。

2. 政策和资金优势

地方出版社在选题策划和出版过程中，还能够借助地方政府的政策和资金支持。许多地方出版项目直接或间接服务于当地政府的各项政策和发展战略，尤其是在地方经济社会的推动、文化产业的培育等方面。随着地方政府对文化产业的重视，地方出版社的出版项目通常能得到相关扶持政策的支持。这种政策优势为地方出版社的出版工作提供了更多资源和更高的社会关注度。

地方政府对于文化出版的支持，通常表现在资金的扶持和项目的优先级上。例如，某些地方政府会出台扶持地方文化产业发展的政策，对优秀的地方文化图书给予资金资助，这不仅有助于提高地方出版社的资金流动性，也能在一定程度上降低出版风险。通过政府的支持，地方出版项目能够更快、更广泛地在市场上产生影响力，同时也能帮助出版社更好地树立品牌形象，提升其在地方市场中的地位。

另外，地方政府的扶持政策往往带有较强的社会责任感，出版项目往往会在服务地方经济社会、文化教育等方面产生较大影响。这样，地方出版社不仅可以通过出版实现经济效益，还能通过文化传播和影响力扩展，实现“双效”——既为地方经济发展贡献力量，也推动文化的传承和传播。

地方出版社在挖掘地方特色资源时，充分利用其地理上的优势，能够与本土资源、政策及资金形成良性互动。在选题策划方面，地方出版社更容易接触到本地的科研成果和社会动态，能迅速发现潜在的优质选题。在政策和资金的扶持下，地方出版社还能够更好地实现社会效益与经济效益的双重目标。通过深度挖掘地方文化资源并结合地方发展需求，地方出版社能够在文化产业的多元化竞争中占据有利位置，为地方经济和文化发展做出更大贡献。

（三）贵州实施“四大文化工程”

贵州作为中国西南部的一个多民族、多文化交融的省份，拥有丰富的自然资源、历史文化资源和民族文化资源，这些资源为贵州的图书出版提供了独特的优势和发展机会。中共贵州省委宣传部实施“四大文化工程”就是全面深入贯彻落实习近平文化思想和习近平对宣传思想文化工作的重要指示的重要举措。“四大文化工程”正是基于贵州省省情，分析地方特色资源后提出的。主要内容包括：

红色文化重点建设工程。重点把丰富红色资源保护好利用好、红色传统传承弘扬好，更好发挥红色文化资政育人的作用。抢抓建设长征国家文化公园贵州重点建设区机遇，加强对革命遗址的保护修缮和展陈提升，全面提升全省红色文化整体呈现水平。培育红色产业，推动红色经典串点成线，打造精品红色旅游线路，让红色故土成为焕发勃勃生机的红色沃土。

阳明文化转化运用工程。重点把阳明文化作为贵州人文精神的宝贵财富，深入开展挖掘整理、研究转化和传播推广，擦亮贵州作为阳明心学诞生地的文化名片，打造阳明文化高地。把阳明心学与推进党的建设新的伟大工程结合起来，组织开展好共产党人“心学”研究。

民族文化传承弘扬工程。重点要充分挖掘各少数民族文化的内涵和价值，讲好民族团结进步的生动故事，建设铸牢中华民族共同体意识模范省。强化对苗绣蜡染、侗族大歌、布依族八音坐唱等国家级非物质文化遗产开发利用，把本土非遗和全国非遗结合起来，把民族文化与现代时尚结合起来，开发设计高质量文创产品，精心打造贵州民族文化品牌。

屯堡文化等历史文化研究推广工程。重点要持续做好重大考古发掘工作，加强文物和文化遗产保护，把贵州历史文化研究引向深入，更好展示贵州文明起源和发展的历史脉络。做好多彩贵州特色文化研究阐释推广，充分彰显特色文化的丰富内涵和底蕴。深入做好屯堡文化研究，讲好屯堡文化的时代价值，让屯堡文化绽放时代光彩。

案例

贵州独具特色的汉族屯堡文化——《屯堡小识丛书》的策划出版

地方出版社在进行选题策划时，可以从地方独有的资源发掘选题，策划富有地方特色、具有文化深度且市场需求明确的图书选题。在选题策划时，结合当地的地方特色，能够有效打破市场同质化竞争，吸引更多地方读者及外地读者的关注。

屯堡人是六百余年前从南京等地迁往贵州移民的后裔，这些移民因明朝政府为剿灭元朝的残余势力，调北征南、调北填南来到贵州。据说从明洪武十五年（1382 年）开始一直到明永乐年间，前后进入贵州的人口差不多达两百万，目前仍有三百多个古村落居住着三十多万屯堡人。如此庞大的族群，如此密集修建的军屯民堡，实在令人惊叹。在完成“屯垦戍边”的历史使命后，“军转民”的屯堡人既不愿融入少数民族，又不被当时的主流文化圈认同，他们因此抱团取暖，倔强地坚守着自有文化。但群体内部的原有成分本非绝对的单一和纯粹，在长期封闭的屯堡中代代共处，必然要相互渗透。于是，终于形成了既迥异寓居地域，又不再能还原于父母之邦的独特文化现象。

一、地域优势与书稿价值

屯堡文化，既蕴藏着无穷尽的谜底，也散发出无穷尽的魅力。探之弥远，究之弥深，成为一门多学科、全方位的"安顺屯堡学"。正如帅学剑在《安顺地戏》中总结的，"屯堡文化不是单一的文化现象。它包含了屯堡人特有的服饰、语言、建筑、信仰、民俗、艺术等方方面面，既有山地文化的粗犷，又有水乡文化的温柔；既有怀念乡土的情愫，又有艰难求存的无奈。屯堡文化之于屯堡人是根的延续"。

（一）选题优势

人文历史、地理环境、风土人情、民族文化等地方特色资源，作为图书出版选题的"富矿"。地方出版社有地缘优势、人才优势，只要独具匠心地深入挖掘、精心策划，就能找到一条适合自身打造出版品牌、做大做强的康庄大道。

独特优势。安顺屯堡文化是贵州特有的一种文化资源。贵州是多民族聚居省份，蕴藏着无穷尽的民族民间文化瑰宝。长期以来，很多人只知道贵州的民族民间文化丰富多彩，贵州的侗族大歌、苗族的刺绣和银饰、布依族的蜡染等民间艺术，已走出国门，向世界展示了各自的独特魅力。但不知道贵州除了多彩的贵州文化，还有一个独具特色的屯堡文化。

地缘优势。安顺作为屯堡文化的发源地和重要传承地，与地方出版社地理位置上临近，心理情感上更亲近。地方出版社能够直接接触当地的文化资源和文化遗产，尤其是能够深入屯堡文化的最核心区域，获取原汁原味的文化素材。出版屯堡文化的图书时，地方出版社能够充分利用本地独特的历史背景、社会环境以及人文资源，进行细致的文化考察与研究。

人才优势。地方出版社能够更容易联系到当地的专家学者、历史文化传承人等专业人士，确保所出版图书的权威性与学术深度。贵州是一个多民族的省份，文化资源丰富，尤其是屯堡文化作为明代汉族屯军文化的活态遗存，在贵州多民族文化语境中形成了极具辨识度的地域文化样本，吸引了大量从事民族学、社会学、人类学等学科的专家学者。这些学者深入研究屯堡文化，拥有丰富的本土文化研究成果。而贵州的出版社能够直接与这些学者合作，获得最新的研究成果，进行出版策划，确保图书内容的学术性与前瞻性。

此外，地方出版社在本土化的编辑团队建设方面也具有明显的优势。由于编辑团队成员大多来自当地，他们不仅在语言上能够与当地文化和社区产生深刻共鸣，而且对本土文化有着天然的认同感与情感联系。这使得他们在编辑和出版过程中能够更加敏锐地捕捉到屯堡文化的精髓，能够准确传达出屯堡文化的独特魅力。编辑团队的这种文化背景与认同感，能够使他们在工作中具备更高的责任感和使命感，从而推动屯堡文化的传播和保护。

（二）书稿价值

在编辑的巧妙策划下，能够为出版市场带来独特的选题和丰富的内容。通过深入挖掘地方文化、历史、自然景观、民俗风情等，编辑可以为读者呈现出具有地域特色的图书，满足市场对个性化、独特化内容的需求，也能为地方文化的传播与推广贡献力量。

文化遗产的保护与传承。屯堡文化是贵州特有的地域文化，它独具特色，呈现出鲜明的地方风貌和历史沉淀。屯堡是贵州地区生动的现实生活，是历史文化的活化石，也是一座丰富的宝库。历史的、文化的、民俗的、语言的、音乐的、美术的，乃至社会学、民族学、国家治理的诸多宝贝，琳琅满目，数不胜数。屯堡中也还有一些未解之谜有待开启。当代人有责任保护和传承这份宝贵的文化遗产，也有义务开发和利用这份宝贵的文化遗产。研究和出版关于屯堡文化的图书，能够为保护这一文化遗产提供重要的资料支持，供后人学习和研究。同时，这些图书能够唤起社会对地方传统文化的关注，增强公众的文化保护意识。

推动学术研究和跨学科探索。屯堡文化不仅是地方文化的一个重要组成部分，它涉及的内容也为学术研究提供了丰富的素材。屯堡人至今仍然保持着故乡的生活习惯和文化传统，语言、服饰、建筑、戏剧，在今天屯堡的村寨里、田野上，在日常生活、节日集会中，随时随地可以见到这些活的历史风景。屯堡的建筑风格、传统的民间习俗、独特的宗教信仰等，都为民族学、人类学、社会学、历史学等学科的研究提供了宝贵的研究对象。

屯堡文化的多样性还为跨学科的研究提供了可能性。它不仅仅是一个民族文化的问题，还是一个社会变迁、地域发展、文化融合的范本。编辑和学者可以通过屯堡文化，探讨文化的交流、融合与冲突，从而开辟新的学术领域。

为旅游和文化产业提供基础。屯堡文化的独特性使其在旅游产业中具有巨大的潜力。屯堡地区的建筑风格、民俗活动、节庆仪式等元素，都能成为吸引游客的亮点。通过研究和出版屯堡文化的图书，可以为旅游机构、地方政府和文化产业提供基础资料和内容支持。图书中的历史背景、文化解释和民俗故事等，能够为旅游业的产品设计和推广提供素材，帮助相关从业者更好地展示屯堡文化的魅力，吸引更多文化旅游爱好者。

此外，出版屯堡文化相关图书，还可以成为地方文化产业发展的引擎。通过图书传播，能够吸引外部的投资和关注，推动文化创意产业、手工艺品产业等相关领域的发展。地方政府和文化部门可以借助这些图书的研究成果，进一步开发当地的文化资源，推动当地经济和文化产业的融合发展。

推动区域文化交流与融合。屯堡文化是中国少数民族文化和汉族文化交融的典型代表。贵州地区民族众多，屯堡人与各民族人民交错杂居，却能和睦相处。不同文化保持了各自的特色又互相包容，和谐发展，是中华文化多元一体的具体写照。研究屯堡文化并出版相关图书，不仅有助于深入了解和传播这一独特文化，还能促进不同地域文化之间的交流与融合。中国幅员辽阔，各地有着丰富多彩的地域文化，而屯堡文化的多元性和包容性，为不同民族文化的碰撞和融合提供了一个良好的范例。通过屯堡文化的图书，可以帮助不同地域、不同民族的人们更好地理解和尊重彼此的文化，促进文化的互鉴和和谐共生。

出版屯堡文化相关图书的过程，也为区域文化的交流搭建了桥梁。通过图书的传播，屯堡文化能够走出地方，进入到更广阔的文化交流平台，吸引更多来自国内外的文化研究者和爱好者关注。同时，这种文化交流不仅限于学术研究层面，还能够通过文化项目、文化旅游等渠道实现更加多元化的跨文化交流。

二、出版策划要点

2023 年，中共贵州省委宣传部决定实施“四大文化工程”，把编辑出版《屯堡文丛》作为其中一项重要工作。对屯堡文化的研究，20 多年前就已开始且成绩斐然，蔚为地域显学。

（一）图书定位

对于地方特色资源的出版，编辑应根据不同读者的需求，采用多角度、多形式的呈现方式，丰富图书内容，提升图书的吸引力。

《屯堡文丛》设计规模宏大、体例严整、内容丰富，包括历史文献、专题研究、资料整理、文学艺术和创造性转化创新性发展共 5 个书系。可以说，《屯堡文丛》囊括了有关屯堡历史文化的全部内容。《屯堡文丛》是对屯堡文献的全面收集和整理，是对以往屯堡研究成果的完整总结，也为今后屯堡的保护、研究和开发利用打下了坚实基础。

《屯堡文丛》主要成果是文献搜集、理论探索、宏大叙事，微观化形象化的文字呈现偏少。《屯堡小识丛书》正好丰富了这个版块。该丛书拟通过多位作者探寻、访谈的方式，对屯堡的建筑、地戏、服饰、手艺、民俗等方面，做出生动形象的介绍和描述，作为历史文献宏大叙事的补充。以“众人写小书”的形式为出发点，把内容庞杂但有趣的源自明朝的文化传统凝练在一本小书中。

对屯堡做走村串寨式的田野调查本身也带有抢救保护的意义，让现存的这些宝贵的文献资料不再丢失，将它们提炼出来，服务于当代社会和文化建设。屯堡人的祖籍牵涉范围较广，除了江苏，还有安徽、江西、湖南、陕西、河南等省份。随着时代的变迁，很多地方的一些文化印记早已消失，而那些源自明朝的屯堡民俗却在安顺保留完好，仍活态地呈现于屯堡人的日常，体现着传统的血脉传承与精神气象。对前人的研究进行总结，同时是一项具有前瞻意义的工作。无疑，《屯堡小识丛书》的出版，将进一步彰显屯堡的价值，助益于传承和弘扬中华优秀传统文化，助益于维护国家统一、促进民族融合的伟大事业。

（二）内容定位

屯堡文化有四个显著特征：一是衣食住行，沿袭着明朝的传统，保留着浓厚的明朝遗风；二是保留完好的活态文化，在民俗文化与中国传统节日时序安排上，宛如一条应节令而生的文化链；三是不同于贵州当地的传统木构建筑，屯堡的房屋多采用青石垒砌，将江南水乡的细腻与西南山区的粗犷巧妙结合；四是每年春节和中元节，大部分村寨都要搬演地戏。屯堡文化不是单一的文化现象，根据屯堡文化的特征，我们将丛书的内容，分成了五个小类，分别为地戏、建筑、民俗、手艺、服饰。

《屯堡小识丛书》是作者走村串寨调查采访的资料，通过调查报告、田野实录、实物资料等方式对屯堡文化进行系统性的文字图片资料保存。通过与屯堡人聊地戏，聊习俗，聊山歌，聊服饰，聊首饰，聊佛歌，聊家长里短，了解屯堡人的生活形态和独属于屯堡的文化密码。

安顺地戏是屯堡文化中最亮丽也最具特色的名片，也是“中国戏剧发展史的活化石”，地戏遍布安顺周边的各个屯堡村寨。作者在《屯堡小识丛书·地戏》一书中系统介绍了地戏的研究者、推广者沈福馨，教地戏表演的老师、地戏传承人顾之炎，地戏表演者、推广者詹学彦，国家非物质文化遗产代表性传承人陈先松，地戏面具雕刻的省级非物质文化遗产代表性传承人周明，民间手艺人、地戏面具雕刻师吴绍阳、黄炳荣，刘洋、邓艳华新一代地戏人，顾家顺等年轻一代成立的屯堡青年地戏演艺团，他们学地戏、跳地戏、说地戏，他们研究地戏、表演地戏、宣传地戏。书后还贴心地放上了地戏名词解释，方便读者了解地戏、喜欢地戏。通过采风，采集最真切的视角画面，通过采访和地戏密切相关的“地戏人”，串联起地戏的发现、地戏的价值、地戏的表演、地戏的传承。既拉近了和读者的距离，又丰富了读者的见闻。

（三）作者定位

在利用地方特色资源时，编辑应当注重文化的传承与尊重，避免对地方文化的误读或刻板化。在策划图书时，应当充分调研当地的文化背景，确保图书内容的准确性和真实性，避免偏离原有文化的核心价值。

为真实、完整呈现屯堡文化的独特性，《屯堡小识丛书》的作者选择尤其重要，我们着重从以下几点考虑：熟悉屯堡的生活和文化，对屯堡文化有一定的研究基础，最好是贵州省屯堡研究会的会员；作者最好生在屯堡、长在屯堡，对屯堡的生活环境有天然的亲近感与融入感；有下基层采访的经验。深入屯堡村寨进行田野调查是了解其文化和生活的最佳途径，作者有下基层采访的经验，能够在实际的生活环境中与当地村民交流，获取真实的素材和故事；为了确保丛书的语言流畅、文笔优美，作者需要具备一定的写作经验。

近年来，贵州省屯堡研究会积极发挥平台优势，不断开展田野调研及拓展田野基地，建立了一批基层田野调查点和基层研究平台，就如何推动屯堡文化往更好方向发展等问题各抒己见，对屯堡文化工程建设不断进行思想碰撞，是一个关于屯堡文化多元融合的研讨交流平台。屯堡学术年会更是学术交流与成果展示的重要窗口。

通过多方走访，我们选定李晓老师作为丛书的主编，负责组建作者团队。李晓老师现为贵州省屯堡文化学会副会长、贵州省社科联理事、贵州省作协会员。李晓老师组建了一支超出出版社预期的作者队伍。如任君黎老师，凭着家谱上那两三笔关于“应天府石灰巷”的渺渺线索，一直在史料堆里寻根问祖，希望能找到祖上从南京来到贵州世系繁衍、人口变迁的记录。尽管收效甚微，却因为多年研究成为贵州省屯堡文化研究会会员，并参与撰写了《屯堡小识丛书》的民俗卷。服饰卷的作者柳逸风也是因为中华人民共和国成立初期爷爷和姥爷所在的部队南下到贵州，随军到贵州安顺。三代人长期生活在此，安顺对他而言，是家园。手艺卷的作者王念玉、王林明直言：“屯堡于我们而言十分熟悉，说熟悉，是因为我们共同生活在一座城市，从小看惯屯堡妇女的奇特装束，听惯屯堡人特别的口音。”他们的田野调查、悉心采访、文字记录，是屯堡文化传承延续的希望。

贵州省著名文化学者戴明贤评价道：“我阅读书稿，深受现场氛围的感染。在此很高兴地向读者朋友推荐这套信息量很大、可读性很强的丛书，它会帮助你走近独具魅力的屯堡文化。”

（四）读者定位

《屯堡小识丛书》的读者定位大致有以下六个方面：

学术界及研究者。民族学、历史学、人类学、地理学等学科的学者，尤其是专注于中国少数民族文化、区域性文化、民俗学的研究者，会对屯堡文化产生浓厚的兴趣。

文化爱好者与地方历史研究者。许多文化爱好者对中国传统文化、民间风情、民族习俗等领域有浓厚兴趣，尤其是那些对地方特色文化有深刻兴趣的人群。

地方政府与文化推广部门。屯堡文化研究的图书对于地方政府来说是了解和推广当地文化的重要工具。许多地方政府会利用这些图书，向外界展示自己独特的文化资源，进而推动文化旅游、乡村振兴、地方经济等方面的政策落地。文化推广部门、地方博物馆和文化交流机构等也会通过这些图书进行文化展示和传播。

旅游行业及文化产业从业者。屯堡地区的独特文化和风情对于旅游产业具有巨大的吸引力。旅游从业者、文化产业相关人员，尤其是地方旅游开发机构和旅行社，会希望通过研究和出版相关图书，了解屯堡文化的精髓，设计文化旅游线路，打造特色文化项目。

学生和教育群体。一些高等院校的民族学、历史学、文化学等专业的学生，也会是屯堡文化研究图书的受众之一。

一般读者和大众。随着公众对传统文化和地方特色文化兴趣的增加，越来越多的普通读者也开始关注屯堡文化。

2024 年 5 月，《屯堡小识丛书》终于跟读者朋友们见面了。该套丛书作为贵州省四大文化工程的出版成果之一，以“众人写小书”的形式，充分发挥其文化传承的作用，挖掘地方特色文化，传递当地的文化精髓，让外界更好地理解贵州及其多元化的文化面貌。近 20 年，屯堡引起了社会各界更多的关注，许多学者投入屯堡的研究中，屯堡研究已经成为一个正在兴起的新热点。屯堡的历史面貌和文化价值越来越广泛地被认知。当前，在举国弘扬和传承中华优秀传统文化的形势下，有必要对以前的研究做一番梳理和总结，以推动屯堡研究开出新的生面。随着这些图书逐步成为学术界和社会公众关注的焦点，出版社将不断提升其文化品牌形象和学术影响力。

第三章

编辑的策划力

在出版流程中，选题策划是整个图书出版的起点，是决定图书能否成功的重要环节。“没有策划，就没有编辑，因为策划力是编辑的生命线，也就是创意从编辑大脑的某处滋生，从而展开一切的过程。”① 选题策划不仅要分析图书的社会价值与商业价值，还要考虑市场需求、读者群体、内容创新性等方面。有效的选题策划可以帮助出版社占领市场先机，提升出版物的竞争力和影响力。

编辑的策划力是指编辑在图书出版过程中，能够根据市场需求、目标读者和出版趋势等多个因素进行系统性规划和构思的能力。策划力不仅仅是一个简单的选题决策，它涉及如何为图书的成功出版设计和规划出一个全方位的执行方案。

① ［日］鹫尾贤也：《编辑力：从创意、策划到人际关系（经典版）》，陈宝莲译，北京联合出版公司 2017 年版，第 50 页。

一、选题策划：精准的市场洞察

选题策划是编辑策划力的核心。编辑需要通过对市场的分析、对读者需求的洞察，以及对竞争作品的评估，来选择一个有潜力、有市场空间的选题。选题策划体现了编辑对市场趋势和目标读者需求的精准把握。

（一）市场调研与信息收集

选题策划首先要从市场的角度出发，结合当前的社会文化环境、热点话题以及读者的阅读兴趣，挖掘潜在的选题资源。编辑需要通过各种渠道了解市场上的畅销书、热点话题和受欢迎的主题，确保所选题材具有市场需求。选择的图书不仅要满足读者需求，还应紧跟出版行业的趋势和变化。

选题策划的基础是充分的市场调研与信息收集，这一步骤能够帮助编辑更好地了解市场动态、行业趋势和竞争对手的情况。通过调研，编辑可以获得宝贵的市场数据，为选题决策提供有力支持。

了解市场动态是市场调研的核心。编辑需要定期分析图书销售数据、畅销书榜单、读者偏好变化等，掌握哪些类型的图书在市场上受到热捧。其次，行业趋势的把握对于选题策划至关重要。通过关注出版行业的新闻动态，分析国内外出版环境的变化，编辑可以捕捉到新兴的出版形式、内容创新等。例如，随着数字出版的兴起，电子书和有声书的市场需求也在不断增长。了解这些趋势，可以帮助编辑预测市场走向，避免过度依赖传统出版模式，从而创新选题形式。最后，竞争对手的分析不可忽视。编辑要对同类出版物进行分析，了解竞争对手的选题、营销策略和市场表现。通过对比，编辑能够找出市场空缺和潜在机会，避免重复、雷同的内容，以便策划出具有差异化、独特性的选题。

市场调研与信息收集是选题策划中至关重要的一步，可以帮助编辑深入了解市场需求、行业趋势、竞争态势，进而帮助制定科学、可行的选题方案。

通过全面的市场调研与信息收集，编辑能够精准判断哪些选题具备市场潜力，减少出版风险，提高选题的成功率。

（二）目标读者定位

明确目标读者群体是选题策划中的关键步骤，直接影响选题的定位、内容设计和推广策略。编辑在进行选题策划时，编辑需要定义好目标读者群体，了解他们的阅读需求、兴趣偏好、知识水平等。选择与特定目标读者群体需求相符的题材，确保选题能满足读者的兴趣和阅读习惯。

了解读者的兴趣和偏好是划分目标读者的首要任务。编辑可以通过分析读者群体的消费行为、阅读习惯、社交媒体的关注点等，了解他们对哪些话题感兴趣，哪些主题的图书能引起他们的共鸣。评估读者的知识水平和需求是进一步划分目标群体的必要步骤。不同的读者群体在知识储备和需求层次上存在差异，编辑应根据读者的阅读能力和需求深度，制定合适的选题策略。精准的数据分析也不可忽视。通过市场调研、读者问卷调查、图书销量数据分析等手段，编辑能够更清晰地描绘目标读者群体的画像，为选题提供更加精准的方向。

图书编辑必须深入了解读者群体，因为读者是图书的最终接受者和评价者，编辑工作的核心目标是为读者提供有价值的内容。了解读者群体有助于精准选题，确保内容符合目标受众的需求和兴趣，提高图书的市场竞争力。通过对目标读者群体的深入了解，编辑能够精准选择题材，确保选题既符合市场需求，又能够满足特定读者的兴趣和需求。

（三）竞品分析

选题策划的另一个重要目标是创新，避免同质化选题。在策划过程中，通过分析竞争图书的成功之处和不足，明确自己的书稿能在市场中找到独特的位置。编辑要注重发掘新兴领域、跨界融合的可能性，寻求在内容上的突破和独特性。

分析竞品可以帮助编辑了解市场空缺与潜力，识别市场上尚未充分覆盖的选题领域，找出潜在的市场空白。某些主题或内容可能已被大量出版，但仍有某些特定细分市场或读者需求未被满足。编辑可以挖掘这些未被充分开发的潜力领域，策划出具有差异化的图书选题。其次，通过分析竞品图书，编辑可以了解读者的需求与偏好，了解哪些类型的内容受到热捧，哪些则可能逐渐失去市场份额。最后，竞品分析还能够帮助编辑评估同类图书的市场定位和定价策略。了解同类图书的定价区间、促销手段及销售渠道，有助于制定合理的图书定价和营销方案。

竞品分析能够帮助编辑识别图书市场中的主流趋势和已有作品的成功因素，但同时也能揭示出目前同类图书的不足之处。通过对竞品的比较，编辑可以发现现有图书在内容、表达方式、视觉设计等方面的缺陷或不足，从而在自己的选题策划中避免这些缺点，提升新书的竞争力。

二、内容策划：内容和形式契合

内容策划的核心在于从多个维度为图书找到合适的内容和形式，使其更具吸引力与市场竞争力。在图书的选题策划阶段，内容策划是至关重要的一环。一个好的选题不仅需要明确的主题和准确的目标群体，还要具备恰当的结构、合适的作者和吸引力的装帧形式，最终才能形成一本有市场潜力的图书。

（一）图书主题的确定

图书的主题是选题策划的核心，它决定了图书的内容框架、目标受众以及营销策略。在确定图书主题时，编辑首先要考虑市场需求、读者兴趣和图书的文化价值等多方面因素。一个明确且具市场潜力的主题能够帮助图书在市场中脱颖而出，吸引目标读者群体的关注。

确立图书的主题和核心思想是内容规划的基础。编辑需要帮助作者明确图书的核心目标和要表达的中心思想。这不仅涉及主题的明确性，还要确保整个图书围绕这个核心展开，避免跑题和内容的碎片化。在构建框架之前，编辑首先要明确图书的核心主题和市场定位。每一本书都有其核心思想和目标受众，编辑需要在这一阶段与作者深入讨论，明确图书要表达的主题是什么，是否具有市场需求。只有确定了图书的核心主题和目标定位，编辑才能围绕这些要素规划出图书的整体框架。

（二）具体结构的确定

在确定了图书的主题后，编辑接下来的工作是构建图书的具体结构。图书的结构是其内容呈现的骨架，是决定图书条理清晰、逻辑合理的关键。合适的结构不仅能够帮助读者更好地理解书中的内容，还能提升图书的可读性和吸引力。

编辑在设计图书结构时，首先要考虑图书的章节划分。章节的设置需要紧密围绕主题展开，既要确保内容的完整性，又要避免冗余。章节的数量、顺序、内容安排都应考虑到逻辑性和流畅性，避免出现结构松散或脱离主题的情况。每一章的开篇应明确主题，每一节的过渡要自然，以保证图书整体内容的流畅性。

图书的结构不仅关乎章节和段落的安排，还包括信息流的顺畅性。在策划时，编辑需要合理安排信息的层次，从全局到局部、从简到繁、从浅到深，避免信息杂乱无章。特别是对于一些专业性较强的图书，编辑要特别注意信息的循序渐进，以增强读者的阅读体验。

编辑需要根据图书内容的需求安排插图的位置，确保图文并茂的效果。图片不应仅仅起到装饰作用，而要与文字内容互为补充，帮助说明复杂的概念或数据，使图书更加易于理解。

（三）作者的确定

选题策划的一个重要环节是确定作者。再好的策划也需要具体的人来落实，合适的作者能够确保图书内容的深度、权威性以及吸引力。编辑应根据选题的特性和要求，选择适合的作者人选。

除了专业背景，编辑还需要考虑作者的写作风格和语言表达能力。作者的写作风格应与图书的目标读者相契合。对于学术类、专业类的图书，编辑需要确保作者具备足够的专业知识和学术声誉。对于通俗读物，作者应具备生动、简洁的写作风格。作者的亲和力决定了图书的可读性，编辑应通过作者的过往作品、公众形象等来评估其与目标读者的契合度。

编辑与作者之间的良好合作关系至关重要。在选题策划时，编辑需要与作者进行充分沟通，了解作者的创作意图和写作计划。编辑要通过及时反馈、调整内容方向等方式，帮助作者提高作品的质量，确保最终呈现的图书达到预期效果。

（四）装帧形式的确定

图书的装帧形式不仅影响图书的视觉吸引力，还直接影响其市场表现。编辑需要根据图书内容和目标市场的需求，选择合适的装帧形式。

封面是图书的“第一印象”，它直接决定了读者是否会对图书产生兴趣。编辑应根据图书的主题、目标读者以及市场需求，设计简洁、吸引眼球的封面。封面的设计不仅要美观，还要传递图书的核心价值和信息。

图书的版式设计包括排版、字体、行距、页码、章节标题等内容。这些设计虽然看似细节，却直接影响读者的阅读体验。编辑要根据图书的内容特性，选择合适的版式设计，确保文字与图片的排版协调，使图书内容更具可读性。

图书的纸张、印刷工艺和装订方式也是装帧设计的重要组成部分。根据图书的定位，编辑应选择合适的纸张和印刷工艺。

图书的内容策划是一个综合性极强的过程，涉及主题的确定、结构的设计、作者的选定和装帧形式的选择等多个方面。编辑在进行内容策划时，需要综合考虑市场需求、目标读者、图书定位等多方面因素，确保图书能够在激烈的市场竞争中脱颖而出。通过科学的策划和精准的内容设计，图书编辑能够为图书的成功奠定坚实的基础。

三、营销策划：营销策略与渠道

编辑要有经营意识。在当今高速发展且竞争日益激烈的图书行业，市场营销不是孤立的，而是渗透于出版的全过程。在选题策划之初，就要将图书的营销考虑进去。

（一）制定宣传策略

宣传是图书营销策划中的核心环节，目的是通过多种手段提高图书的曝光度、吸引读者关注并促进销量。根据图书的特点、受众群体以及市场需求，编辑应制定适当的宣传策略。

1. 举办新书发布会

新书发布会是与读者直接互动的重要机会。通过这些活动，图书不仅可以增加曝光度，还能与读者建立情感联系。发布会通常用于图书出版前或上市初期，这一时机恰好是图书能够吸引最大关注的最佳时机。通过邀请作者、业内专家、媒体和相关领域的意见领袖等参与，发布会能够快速提升图书的知名度，并为图书的后续推广打下良好的基础。

发布会的一个核心环节是作者与读者的互动。在发布会上，作者通常会分享图书的创作历程、写作灵感、研究背景等内容，这不仅能帮助读者更好地理解图书的内涵，也能够引发读者对图书的兴趣和好奇心。通过作者的讲解，读者能够了解到图书背后的故事，进一步增强与图书之间的情感连接。特别是对于一些非小说类图书，作者的分享能够帮助读者更全面地了解图书内容的价值和意义，从而激发购买欲望。

同时，发布会也是媒体和业内专家与图书进行对话的机会。媒体的参与能够扩大图书的传播范围，通过新闻报道、采访等形式将图书介绍给更多潜在读者。业内专家的评价与推荐则能够为图书增添权威性，提升读者对图书的信任度。通过这些互动，发布会成为图书营销中一次多方位、多角度的推广行动。

2. 举办签售活动

举办签售活动是图书营销策划中一个非常重要的环节，能够有效提升图书的市场知名度和销量，同时也为编辑和出版方提供了与读者直接互动的机会。签售活动通常在书店、文化活动现场或文学节等地举行，邀请作者出席，并为读者签名合影。在这种面对面的互动中，作者与读者之间会有一种特殊的情感联结，读者能通过与作者的交流更深入地理解图书的内容和创作背景，从而产生更强的购买欲望。

在活动中，读者可以直接向作者提问，了解创作过程、创作理念等，这种互动可以大大提升图书的吸引力和影响力。同时，签售活动也能够成为一种社交体验，读者通过参与活动与其他书迷交流、讨论图书内容，增加了图书的社交属性。此外，签售活动通常能够吸引媒体的关注，尤其是当作者是知名人物或图书具有话题性时，媒体会报道这一活动，进一步提升图书的曝光度。

3. 媒体与公关

媒体宣传是提升图书知名度的重要手段。与各大媒体的合作能帮助图书迅速获得关注，增加图书的曝光度。第一，与各大媒体合作进行专访、书评发布，能让图书的价值得到专业的认可和推广。编辑可以通过联系记者、编辑等，争取在重要报刊、电视节目中进行图书推荐。第二，有些图书可以通过与文化类、教育类媒体的合作，进行专题报道，进一步拓展图书的受众群体。第三，通过联合文化机构、行业协会或社会组织等开展公关活动，推动图书的社会影响力。特别是一些地方性或特定领域的图书，可以通过这种方式获得更多的关注。

4. 重视口碑传播和评论管理

随着社交媒体和电子商务平台的普及，读者口碑在图书推广中的作用愈发重要。特别是对于新书而言，早期的口碑积累能够帮助图书脱颖而出，获得更多读者的关注。（1）鼓励读者撰写书评和分享读后感，编辑可以在电商平台、社交媒体或图书官网等渠道推出书评奖励计划，邀请读者分享他们的阅读体验，增加书评的数量和质量。（2）主动联系知名博主、书评人和媒体进行推荐和评论，通过博主的推荐，图书能够获得精准的受众群体，同时提升图书在特定领域的权威性。（3）媒体合作：编辑还可以与传统媒体和数字媒体合作，争取在重要的出版物、报纸、杂志或文化类网站上发表书评、专题报道或采访文章。这些媒体的报道能够帮助图书在更广泛的受众中建立知名度，增加潜在读者对图书的兴趣。

（二）选择销售渠道

推广渠道的选择对于图书的成功至关重要，必须根据目标读者的特点和需求来合理选择。不同的渠道具有不同的优势，可以帮助图书覆盖更多的读者群体。

1. **线下渠道**

线下渠道主要是传统的销售和宣传方式，对于建立图书的实体曝光度仍然非常重要。传统书店仍然是图书销售的主渠道之一，编辑应与本地书店保持良好的合作关系，确保图书能够在显眼的地方展示。书展和文化活动是集中展示新书和与读者互动的好机会。在书展上，编辑可以直接与潜在读者接触，了解他们的需求，同时通过现场签售和互动提升图书的知名度。图书馆和学校是潜在的目标市场，尤其是学术类和教育类图书。编辑可以向图书馆推荐新书，并组织讲座或作者见面会，增强与教育群体的联系。一些地方性的活动，如地方文艺汇演、节庆庆典等，都是图书推广的好时机。编辑可以借助这些活动进行图书展示，吸引更多本地读者关注。

2. **线上渠道**

在数字化时代，线上渠道成为图书营销的主要渠道。尤其是通过互联网平台，图书可以迅速获得大规模曝光。电商平台是当下最为重要的图书销售渠道之一。编辑需要通过在电商平台上的推广，利用平台的流量优势提高图书的曝光率。通过促销、折扣等活动，吸引读者购买。社交媒体是现代营销中不可忽视的渠道。编辑可以通过制作相关的短视频、海报、话题讨论等手段，提升图书的曝光率。通过与知名社交媒体博主或有影响力的用户合作，带动图书的讨论和传播，增加用户互动和购买欲望。短视频平台是年轻读者群体的重要社交空间，编辑可以制作生动、有趣的短视频内容如书评、内容预告、作者访谈等，推广图书的亮点，吸引年轻用户群体的关注。同时，短视频的传播形式非常便于扩大图书的影响力和曝光率。

优质内容会随时间的推移而不断积累并带来积极正向的影响，无论是对图书产品本身，还是对图书的营销而言，优质的内容是基础。

案例

撒播不忘来时路的种子：一套写给孩子的党史故事丛书

《讲给孩子的百年党史故事——从石库门到天安门》是一套写给孩子的党史故事丛书。从石库门到天安门，从五四运动到中华人民共和国成立，通过一套书，让孩子们读懂党史背后的伟大建党精神。该丛书历经五年多的策划、撰写、制作、编校、审读，于2024年年底出版，该书系中宣部2021年主题出版重点出版物、贵州省委宣传部2022年度重点主题出版项目、贵州省出版传媒事业发展专项支持项目、浙江省嘉兴市年度文艺精品扶持项目。

努力做好主题图书出版，特别是少儿主题出版，是图书出版工作的一项重要内容，是新时代对出版人提出的要求，也是编辑的责任和担当所在。作为该丛书分册的责任编辑，从选题策划到与作者的沟通协调、书稿的编辑加工直至最后图书的出版，五年来，感慨颇多。感慨书中的革命精神、红色精神带给我的震撼，感慨出一本好书的不易，以及出版人肩负的传播文化的使命。

一、选题策划

中宣部办公厅就做好2021年主题出版工作做出部署。通知要求“突出庆祝中国共产党成立100周年，做强做亮做活主题出版，打造更多培根铸魂、启智增慧的出版精品”。2021年主题出版选题重点包括五方面，其中就有“聚焦主题主线，大力营造共庆百年华诞、共创历史伟业的浓厚氛围。围绕庆祝中国共产党成立100周年，精心策划打造精品力作、传世之作。推出一批高质量、标志性党史著作，充分展示我们党领导人民进行革命、建设、改革的光辉历程，充分展示党的十八大以来党和国家事业取得的光辉成就。推出一批反映历史发展、回答时代课题的理论力作。推出一批长篇小说、纪实文学、画册、连环画、音乐集等形式多样、内容丰富的大众读物”。提出要“围绕引导青少年立志做担当民族复兴大任的时代新人，推出一批培根铸魂、启智增慧的少儿读物”。

作为编辑，面对中国共产党成立100周年这一重大历史节点，使命感驱使我们必须有所作为。立足新形势新要求，贵州人民出版社紧密结合自身实际，深入剖析优势。此前，在中国共产党成立九十周年之际，出版社策划了《他们为什么选择中国共产党》（2012年出版）；主题图书《从石库门到天安门：百年大党的红色地标》（2022年出版）荣获贵州省“五个一工程”奖。出版社推出一两本好书是难以形成竞争力的，只有稳定的出版格局才不容易被撼动，这就需要优秀的图书矩阵，需要叫得响的品牌。在已经形成出版强项的基础上，做大做强，形成特色的出版板块，精心铸造品牌，走“特色社”“精品社”的发展之路。

为解决党史选题策划难题，编辑团队开展了深入调研。结合出版社的出版实际，对市面上党史图书进行系统分析，涵盖内容特点、分类方式及目标读者群体。调研发现，适合少年儿童阅读的党史图书数量有限，尤其是以生动有趣方式讲述党史的读物更是稀缺。

如何把红色基因一代代传下去，把爱党、爱祖国和爱人民的种子播撒在孩子的心田，是关乎社会主义事业百年大计的问题，是关乎社会主义事业长远发展的重大课题，加强和重视对孩子的党史学习教育刻不容缓。如何以优质选题承载党史学习教育内涵，成为我们亟待解决的问题。

鉴于此，出版社决定策划一套特色鲜明的少儿党史读物，通过故事化叙述、图文结合、互动设计等创新形式，让孩子们在轻松愉悦的阅读中了解党的百年历程，感受革命精神，培养爱国情怀，使党史学习“润物无声”，让红色基因在青少年心中扎根。

图书策划之初，编辑便考虑了选题的可持续性，考虑了调动资源、关注度以及后期的推广。在已有主题图书的基础上，编辑精心策划了《讲给孩子的百年党史故事——从石库门到天安门》。契合孩子的认知特点，以讲故事的方式呈现党史，生动再现中国共产党从诞生到建立中华人民共和国的光辉历程，让党史学习教育更具吸引力，在孩子心中留下深刻印记，形成面向不同读者群体的主题出版系列图书。

编辑团队经过深入调查和讨论，最终确定了图书的体例，即采用讲故事的方式，生动再现中国共产党从诞生到取得新民主主义革命胜利、建立中华人民共和国的光辉历程。党史既厚重又深远，如何让孩子们愿意读、读得懂、记得住？故事化表达无疑是最自然、最有效的方式。通过一个个生动的历史场景、鲜活的人物形象和感人的革命事迹，孩子们不仅能轻松走进历史，感受党的奋斗历程，还能在潜移默化中受到熏陶，树立正确的价值观。这种叙述方式契合孩子的认知发展特点，使党史学习教育更具吸引力，更能在他们心中留下深刻的印象。

在中国共产党的百年奋斗历程中，留下了无数熠熠生辉的红色地标。这些地标，见证了党的英勇奋斗，留下了党的红色记忆，每一处地标都承载着党的伟大精神。在中国共产党成立一百周年的时候，给孩子讲述它筚路蓝缕、风雨兼程的历史。我们从1921年的上海石库门和浙江嘉兴南湖的那艘“红船”说起，一个是中国共产党的“产房”，一个是中国共产党的“母亲船”。接下来，便是这艘“红船”出发后，在不同时间、不同地点交汇碰撞后，沿途留下的耀眼火花。把它们串起来，则是中国共产党一路走来的耀眼“航标”——1927年至1928年的江西井冈山，1931年至1934年的江西瑞金，1935年的贵州遵义，1935年至1948年陕西延安，1948年至1949年的河北西柏坡，最后，就是1949年的北京天安门。中国共产党在革命年代留下的历史航标，当然不止上面说到的七个，还有很多。但基本上可以说，“从石库门到天安门”，是中国共产党领导人民夺取新民主主义革命胜利的波澜壮阔的“主航道”。

编辑主创团队经过深思熟虑，选取了七个历史航标，决定通过图文并茂的形式，以生动的故事讲述中国共产党的历史，帮助孩子们更清晰、直观地理解党的百年历程。这些历史航标不仅具备深刻的历史意义，还能引导孩子们理解中国共产党如何在不同历史时期引领国家走向胜利与复兴。在实际创作中，我们并没有局限于这七个地点，而是拓宽了视野，让读者能够更全面地感受每个历史节点的深远影响。通过丰富的图文展示，孩子们能够更好地理解这些历史航标所照亮和辐射出的广阔历史背景，帮助他们从中汲取力量，激发他们的爱国情怀和责任感。

按革命历程中具有标志性意义的革命圣地，编辑主创团队将此套书分成六册，分别为：《开天辟地 · 石库门》《星火燎原 · 井冈山》《风展旌旗 · 瑞金》《伟大转折 · 遵义》《革命圣地 · 延安》和《决胜千里 · 西柏坡》。每册选用18—20个与红地标相关的革命故事。希望孩子们在读这套书时，不光是简单地了解历史本身，还能够传承和弘扬党的精神，感受它沿途留下来的航标是什么颜色。

二、内容策划

少儿主题出版物的内容要能够匹配目标年龄段儿童的心理需求和认知水平。对于孩子来说，阅读不仅是获取知识的途径，更是他们情感和思维发展的重要环节。因此，少儿出版物应在寓教于乐之间找到平衡点。过于强调教育功能可能会让内容显得枯燥，失去孩子们的兴趣；而单纯追求趣味性则可能导致内容空洞，缺乏深度，无法达到应有的教育效果。理想的少儿读物应通过生动有趣的故事、富有创意的设计和深入浅出的语言，使孩子在轻松愉快的阅读体验中，既能够享受到阅读的乐趣，又能在潜移默化中获得知识和启发，激发他们对世界的好奇心和探索欲。为此，编辑主创团队在体例确定后，做了如下努力：

为了确保史实的准确性，并且让内容更具少儿阅读的生动性，我们列出了六册提纲，提前撰写了样稿，并与作者进行了多次深入的交流与沟通。这样做的目的是确保内容创作始终坚持“儿童本位”，确保每一部分都能符合孩子们的心理需求和认知水平。

坚持儿童本位的内容创作。少儿出版物的目标读者是儿童，而不同年龄段的儿童对图书内容有不同的需求。低龄儿童通常偏爱图画书和简单叙述，因此，在创作时需要注重内容的视觉吸引力以及语言的简易性。而中高年龄段儿童则对故事性较强的内容更感兴趣，因此我们在内容设计上要确保语言生动、情节引人入胜，同时融入适当的教育意义。避免使用过于复杂和生涩的历史语言，采用简洁且富有表现力的方式，使孩子们能够轻松理解历史事件。

引人入胜的故事情节。历史事件通过故事的主线展开，不仅能使孩子们更容易理解，还能增加阅读的趣味性。我们通过孩子视角切入，使孩子们能够代入故事，产生情感上的认同与共鸣。历史不再是枯燥的事件，而是一个个动人心弦的故事，激发孩子们对历史的兴趣。

注重互动性与参与性。除了提供知识，我们特别注重引导孩子思考，增强互动性和参与性。在每个章节的开头，我们模仿小学生熟悉的“敲黑板、画重点”的提示方式，简洁明了地说明故事的背景、发生的年代和历史的意义。这样的方式不仅让孩子们更容易掌握内容，还能帮助他们在读书过程中保持集中注意力，思考历史事件对他们的意义。

融入游戏思维。为了增强阅读的趣味性，我们在图书的最后部分专门设置了“红地标游览攻略”。这一部分结合图书内容，设置了一些与红色主题相关的实践活动，让孩子们能够在了解革命历史的同时，亲身体验革命先烈走过的历程。通过这样的互动体验，孩子们不仅能够加深对历史的理解，还能培养他们的动手能力和探索精神。

亲子共读的文化传递。为了增进亲子关系并传播红色文化，我们鼓励家长与孩子共同阅读这本书。通过亲子共同参与，不仅能促进家庭关系，还能够在轻松的氛围中传递红色文化，让孩子们从小接受红色教育，了解革命先烈的奋斗历程和伟大精神。

同时，在图书形式上，我们也花了很多心思。图书的内文体例离不开封面和插画的包装，精美靓丽的封面和画龙点睛的插画是完美呈现内文的保障。对插画师而言，在建党百年之际绘画这么有意义的一套图书插画，在创作上是充满激情与挑战的。经过多次沟通之后，我们确定以“红色地标建筑”为本套插画的切入点，为了使插画画面更具差异性，插画师决定采取一些带有想象力的画面去表现，而不是以一种写实的描写手法。儿童对色彩敏感，鲜艳、明快的颜色更容易吸引注意力。比如《开天辟地·石库门》，“红船”在山水之间，驶向“石库门”，这里的“石库门”在天地之间，并非真实的场景，山水也不仅仅是上海，而是中国的山和水，“红船”向发光的“石库门”航行，代表着希望与正确的方向。又比如《风展旌旗·瑞金》，迎风招展的红旗中隐约映出的就是代表性建筑，人的比例也是放大的，这就好比电影中的蒙太奇手法，更好地突出主题。

少儿主题出版物不应局限于传统的文字形式，而应采用多样化的呈现方式，以满足不同读者的兴趣和需求。针对低龄儿童，用色彩鲜艳的插图和简短文字讲述红色故事更能契合他们的身心发展需要。少儿图书的装帧设计是吸引儿童阅读兴趣和增强阅读体验的重要环节。与普通图书相比，少儿图书的装帧设计需要更多地考虑儿童的生理特点、心理需求和阅读习惯，同时兼顾趣味性和功能性。通过注重外观吸引力、材质安全性、功能趣味性、年龄适配性和创新形式，少儿图书可以更好地满足儿童和家长的双重需求，实现教育意义与市场价值的双赢。考虑到少儿类图书可能需要在家庭、学校、旅行中携带，设计时应兼顾便携性和收纳便利性。设计轻量化，减少过重的材料，方便孩子独立使用。

为了使读者打开此书时，对在新中国成立前的28年间，中国共产党的艰辛和不易有个直观的感知和了解，我们在第一页上设计了一张跨页手绘地图，清晰地标注出中国共产党走过的每一个重要地点，让读者在翻开书后第一眼就能强烈感觉到：从石库门到天安门，好远啊！而且走的不是直线，左拐右绕，曲曲弯弯，真的是路程遥远，荆棘载途！打开书本阅读故事，第二感觉油然而生：中国共产党走过的每一步都是以鲜血、牺牲为代价的，正如《义勇军进行曲》中的歌词一样“把我们的血肉筑成我们新的长城”。牺牲、付出、艰辛、奋斗……贯穿了中国共产党整整100年的历史！

为了让孩子们在阅读了一个个故事后，对中国共产党的发展历程有一较为完整的了解，我们在编辑过程中做了两方面的设计。一是在各分册前面增设了“分序”，用以概括说明本册书中中国共产党的历史足迹。六本分册，六篇“分序”。将六本分册中的“分序”摆放在一起，即是一部最简括的中国共产党历史。二是在每个故事前面特别设置了孩子们熟悉的老师“敲黑板、画重点”的提示方式，简单明了地说明故事发生的年代、背景和历史意义，将一个个貌似独立的故事串联起来，勾勒出中国革命发展的大致历程。

2024年年底，《讲给孩子的百年党史故事——从石库门到天安门》正式出版，无论是在各大书店，还是在线平台，都能看到这套书的身影。作为一部专为青少年打造的党史读物，它用生动的故事、鲜活的语言，讲述了中国共产党从诞生到发展的光辉历程，让孩子们在阅读中感受信仰的力量，汲取奋斗的精神。希望孩子们能够阅读这套书，从中了解党的光辉历史，感受革命先辈的精神力量，在成长道路上树立正确的价值观，成为有理想、有担当的新时代少年。

三、营销策划

（一）举办主题读书活动

这套图书在时空交织中选取最鲜活的革命故事，配以趣味性的插图，以生动活泼的语言，在孩子的心灵中荡起阵阵热爱党的涟漪，从内心中生发出对党朴素的崇敬之情，深深地把“不忘来时路的种子”播撒在孩子的心中。

丛书新书发布之前，以“重走‘一大’路”为主题，举办了从上海石库门到浙江嘉兴的主题研学活动。嘉兴市实验小学、嘉兴市文贤学校、北京师范大学南湖附属学校的同学们参与了此次主题图书活动，“重走‘一大’路”，并在中国共产党第一次全国代表大会会址前合影。举办主题读书活动和研学活动，有利于青少年读者深入理解中国共产党人的初心和使命，传承红色基因，弘扬伟大建党精神。此后，将在井冈山、遵义、延安、西柏坡、北京等地举办主题读书活动。

举办如主题书展、亲子互动活动或作者签售会等线下活动，增加品牌曝光率。与嘉兴市实验小学、嘉兴市文贤学校、北京师范大学南湖附属学校达成合作，将图书纳入推荐书单。同时在线上进行推广：利用短视频平台、社交媒体和育儿论坛，发布图书相关的故事视频或专家推荐。

（二）在嘉兴南湖举行新书发布会

一切伟大的事业都需要在承前启后、继往开来中推进。上海党的一大会址、浙江嘉兴南湖红船是我们党梦想起航的地方。我们党在这里诞生，从这里出征，从这里走向全国。红船见证了中国历史上开天辟地的大事变，由此而产生的"红船精神"，集中体现了中国共产党的建党精神，标注了我们党与生俱来的红色基因及其特质和优势。我们党的全部历史都是从党的一大开启的，我们走得再远都不能忘记来时的路。不能忘记来时的路，关键在于不能忘记党的革命传统和优良作风。一定要铭记党的光辉历史、传承红色基因，坚守共产党人的精神家园，在新时代把革命先辈开创的伟大事业不断推向前进。

《讲给孩子的百年党史故事》新书发布会放在嘉兴南湖举行。南湖是中国革命红船启航地、红船精神发源地。1921 年 8 月初，中国共产党第一次全国代表大会在嘉兴南湖的一艘游船上闭幕，宣告中国共产党成立。2002 年 10 月，习近平同志到浙江工作不久，调研第一站便是嘉兴，2005 年 6 月 21 日习近平同志在《光明日报》发表文章《弘扬"红船精神" 走在时代前列》。如今，南湖红船已接受 2200 多万人次瞻仰，新时代重走'一大'路、南湖革命纪念馆等红色资源丰富，红船精神在这里凝练升华。

山东大学特聘教授、山东省文艺评论家协会主席范玉刚评论道："这种策划和设计有利于解决青少年党史学习教育资源开发不足，教育形式单一的问题，也丰富了青少年党史学习教育内容，更有利于探索党史学习教育融入思政课程的综合育人体系。广大青少年始终是实现民族复兴和奋斗目标的先锋力量，要抓好青少年学习教育，着力讲好党的故事、革命的故事、英雄的故事，厚植爱党、爱国、爱社会主义的情感，让红色基因、革命薪火代代传承。加强革命传统教育为广大青少年开展党史学习教育提供了重要遵循，指明了方向，也使本套丛书的出版发行获得了强大的思想精神动力。”

第四章

编辑的结构意识

在审读书稿时，编辑要具备敏锐的结构意识，深入理解作者的写作思路。编辑要站在读者的角度，审视书稿的整体布局，分析各章节的逻辑关系，判断内容编排是否清晰有序，是否有助于读者理解和吸收知识。编辑需要把握全书的框架结构，明确主题脉络，确保各部分内容围绕主题展开，不偏离主线。其次，要关注章节之间的衔接，检查是否存在重复、跳跃或断裂的情况，必要时提出调整建议，使行文更具连贯性。此外，还要思考是否有更优的组织方式，比如调整章节顺序、合并或拆分内容，以优化阅读体验。

结构就是一本书的大纲、目录，是书的骨架和设计图。谋篇布局不仅关乎内容呈现，也影响读者的阅读节奏和情感共鸣。编辑在审稿过程中，要在尊重作者意图的基础上，结合自身的专业判断，提出合理的结构优化建议，使书稿逻辑更严密，表达更精准，增强整体的可读性和吸引力。

一、审稿方法

如何审稿，是编辑面临最亟须、最重要、最棘手的问题。新编辑容易犯的错误是一拿到书稿就开始蒙头修改，急于进行规范性加工，着眼于书稿的微观结构。而经验丰富的编辑则深知，拿到一部书稿，在开始修改之前，首先要通过浏览目录、粗略通读全书来了解书稿的主要内容，在理顺主要框架的基础上再进行加工处理，即先关注全书的宏观结构，并进行内容把关。编辑审稿的方法很多，见智见仁。笔者认为从微观、中观、宏观角度划分，编辑审稿主要有三种方法：表达纠错法、体例规范法、结构检查法。

（一）表达纠错法

“表达纠错法”是编辑加工过程中经常使用的方法，功用在于纠错增值，使稿件符合出版物质量管理规定。这个过程花费时间最多、碰到的问题最繁杂，编辑需要逐字逐句地精读，对书稿进行检查、修改、润色。

表达纠错是预审需要过的一关，主要目的是消灭差错，确保文字、知识、导向的正确。扎实的文字编辑能力是预审工作的基本功，也是文稿的质量保障。审稿人要敢于质疑、勤查多问、存疑必究，把稿件看好、看精、看细。这一环节的直接关系到书稿的质量。因此，扎实的文字编辑能力是预审工作的基础，也是文稿质量的保障。编辑必须具备敏锐的眼光和严谨的态度，敢于质疑、勤查多问，对于存在疑问的部分要进行深入探讨。

表达纠错法是从稿件的细微处着手，编辑发现的稿件问题都是微观的、细节的、局部的，只能解决语言、知识表达的问题。可能是词汇的使用不当、语法的错误、标点的遗漏、知识表达的偏差等，这些看似不起眼的小问题如果不及时纠正，可能会影响稿件的整体质量。

（二）体例规范法

“体例规范法”功用在于使稿件符合图书出版管理规定，体现编辑工作的规范性和条理性，目的在于使稿件符合出版要求、格式统一、体例规范，主要包括以下三个方面：

一是确保稿件的主题符合出版政策规定。

二是确保稿件的编写格式统一。字数多、规模大的图书，特别是丛书或者多位作者合作的稿件，常常会出现体例不统一的情况，需要编辑统一体例格式。编辑可以根据稿件中已经采用的格式，按照“少数服从多数”的规则修改体例。

三是具体项目的规范。包括规范用语如术语、专业名词、人名、机构名、地名等；按照出版物的文字规范，规范数字用法和计量单位；规范相关项目格式，如作者署名、作者单位、图表、注释、参考文献等。

体例规范法解决书稿的中观问题。涉及书稿内容、格式等方面的统一与规范。这一过程既要关注全局，也要注重细节，确保每个项目、每一部分都能按照统一标准来处理。通过体例规范法，编辑能够有效地提高书稿的专业性和一致性，保障书籍内容的整洁、有序和易读性。

（三）结构检查法

“结构检查法”是从整体、宏观的角度看稿。是对稿件的总体质量进行把关的过程，是审稿过程中常用的方法，结构检查法的目的在于确定稿件的主题主线、总体框架、内容结构是否符合要求，从而决定稿件的取舍，提出修改的建议。

结构检查法主要检查以下三个方面：一是审查作品的整体框架，确保其结构紧密围绕主题主线展开，并有效支撑主题思想；二是检查学理体系和知识体系，看逻辑层次是否清晰，知识体系是否完备；三是检查知识归类是否合理，体例是否规范统一，表达是否正确。

结构检查法解决书稿的宏观问题。确保书稿的整体结构层次清晰、逻辑严密、条理分明。通过结构检查法，编辑能够从全局出发，审视书稿的框架、章节安排、段落组织等方面的问题，确保书稿在宏观层面上做到合理且有序，确保读者阅读时的顺畅感。

（四）结构检查法是最重要的方法

编辑应先关注书稿的宏观结构，进行内容的初步把关，包括判断书稿是否存在思想导向问题，以及是否涉及民族、宗教、国家安全、领土完整等敏感话题。此外，还需确保书稿不含涉密、泄密或违反国家法律法规的内容。编辑还应检查书稿的内容是否完整，逻辑是否清晰，结构是否合理。如果发现内容存在瑕疵，应该及时整理初审意见，并提交给复审或终审环节进一步处理。

“先定结构，后定细节”可以减少编辑工作的盲目性。只有经过检查确认接受出版的稿件，才可以通过表达纠错法和体例规范法对文本细节进行精雕细刻，不能本末倒置。如果先进入纠错和规范环节，看完后发现稿件整体不可取或结构要做比较大的调整，前期的表达纠错和体例规范工作就付诸东流了。

结构检查法比表达纠错法、体例规范法更为宏观，是编辑审稿的重要方法。结构是书稿主题和主线的核心体现，它不仅决定了书稿的整体框架，还为知识的表达提供了有力的指导。良好的结构能够帮助作者清晰、有序地传达信息，确保内容的逻辑性和连贯性。编辑在预审阶段，首先需要抓住书稿的主要矛盾，集中精力检查书稿的宏观结构。结构检查法帮助编辑从全局出发，审视书稿的整体布局，确保各章节之间有机衔接、内容紧密相连，避免出现结构松散或重复冗余的情况。

二、书稿结构欠缺的类型

“结构作为一种方法，它包含着某种技术性、强制性、智慧上的诚实性，也包含着某种逻辑关系的运算技艺和可操作的特点。”① 审稿人要培养和提高结构检查的能力。

掌握书稿结构是结构检查的前提。稿件是由关键词、知识点、知识群、要素版块、书稿框架、文稿主题逐层堆积形成的金字塔结构。稿件结构包括学理结构和知识结构两个方面。学理结构是指全文用什么理论、什么方法、什么逻辑指导框架的搭建，知识结构是指全文用了哪些知识来丰富完善稿件的内容。

“书稿结构层次犹如树木的主干，能够在形式上使整部作品内容主线清晰、条理分明。层次标题应醒目、简洁，是各章节内容的高度概括提炼。合理设置各层次标题对书稿本身的信息传递至关重要。”②

结构逻辑合理的稿件往往形成完善的学理结构和知识结构，给人以体例合理、重点突出、层次分明、照应周密之感。这种结构能够有效地引导

---

① 唐流德：《学术著作书稿初审中的结构意蕴》，载东方清主编《论责任编辑的工作——中国编辑学会第五届年会论文选》，中国建筑工业出版社 2001 年版，第 272—275 页。

② 胡娇：《掌握编辑加工要点，提高图书编校质量》，《出版参考》， 2021 年第 4 期。

读者逐步深入理解书稿的核心观点，使读者在阅读过程中感到自然流畅，知识点之间的衔接也显得顺理成章。

掌握书稿结构是结构检查的前提，在结构检查的过程中，把握稿件基本内容，归纳出稿件的一般性特点和最重要的特征。这一分析有助于编辑全面了解书稿的构架和内在逻辑，确保其框架的合理性和有效性。通过准确把握书稿的基本内容和关键特征，编辑能够更高效地识别潜在的结构问题，提出合理的修改意见，最终确保书稿的结构符合出版要求。

书稿通常有篇、章、节、目、段落、关键词等层次。结合编辑工作实际，我们将标题层级划分为五级：一级标题为章、二级标题为节、三级标题为目、四级标题为子目、五级标题为细目。各个层级的标题是稿件有序排列的内容要点，有一定的逻辑性和层次性。章、节、目三级标题展示书稿的框架结构，即书稿的目录。子目、细目二级标题展示书稿的知识结构，即书稿的关键词或索引。借助五级标题基本可以理清书稿结构的问题。

结构检查就是对学理结构和知识结构进行检查，判断它们是否科学合理。借助目录，检查书稿的学理结构、逻辑层次以及各个层次板块的要素是否齐备；借助索引，检查书稿的知识结构，检查书稿的主题词和关键词，确定稿件的知识构成以及知识体系是否完备。

梳理书稿结构有助于结构检查和结构创建，借助五级标题，可以帮助我们了解稿件的主旨主线、学理体系、逻辑层次、知识体系。

首先是判断一级标题是否能支撑书稿的主题，同级标题的内容是否有重复和缺失；二是判断各标题层级之间的逻辑关系，层级是否混乱，是并列关系还是从属关系；三是判断上一层级的标题是否能够涵盖下一层级的标题的全部内容。

根据结构检查法检查，书稿通常有以下三种结构欠缺的类型：（1）章节划分不合理、章节安排混乱，导致整体结构不平衡。有些章节可能内容过长且信息量过大，使得读者在阅读时感到疲惫；而有些章节内容较少，显得零散、不连贯；前面的章节内容充实，后面的章节内容薄弱，显得头重脚轻。(2) 过度重复。书稿中某些部分内容冗长，或者某些观点反复出现，造成了内容的重复，使得读者感到乏味。重复主要包括文义的重复、叙事的重复、材料的重复等。在设定全书的框架之初，就要规划好各章所承担的任务，与作者进行详尽的讨论，确定全书的大纲。(3) 思维发散，离题太远。有些作者在论述一个问题时，喜欢从最原始的问题谈起，把简单的问题复杂化。有些原始问题已经成为常识，根本用不着花大篇幅介绍，导致结构上离题太远，作者应当直奔主题、开门见山。作者若在论述时脱离了主题的核心，可能导致内容结构松散，影响图书的连贯性和读者的阅读体验。

结构检查法实际上是编辑运用撰稿逻辑指导审稿，帮助作者整理写作思路，对相关内容或补充或删减，突出稿件重点，优化稿件结构体系，为作者提出切实可行的建议。编辑发现了书稿结构上的不足，就要向作者提出优化或调整的建议，按照文章思路顺势调整，包括删掉重复的内容，把精华的内容移到最引人注目的位置。这样既不会折损作者原意，也更容易被作者所接受。

三、优化或重新拟定结构

有经验的作者会很注重作品结构的完整，有经验的编辑也十分注重与作者一起优化或重新拟定结构。优化或重新拟定结构属于编辑的创造性活动，笔者将其称之为结构创建，是编辑审稿时对书稿存在的结构问题提出意见，指导修改重建，或是选题策划时提出选题大纲。结构检查与结构创建同题异用，是一种呼应关系。结构创建是编辑审稿和选题策划的重要内容，是编辑审稿的工作流程。

（一）结构创建是编辑改稿的路径之一

结构创建指在结构检查中，如果编辑否定了书稿的某一部分结构，或整个书稿结构，就要对作者提出优化书稿结构意见或重建新的书稿结构，这就是结构创建。

编辑参与结构创建改变了编辑被动参与编辑加工的消极状态，从案头工作发展到介入选题的创意策划。“编辑工作者自身的策划意识激活，则生动反映出编辑主体意识的完善，发展由传统的‘工具型’人格向自主的‘决策型’人格飞跃。”①

运用结构检查的方法看稿并参与结构创建是编辑能力的体现。编辑要在看稿实践中发现问题、思考问题、解决问题，培养逻辑思维的习惯和能力，提供作者认可的结构方案。这是获得作者信任、与作者建立长期合作的基础。“编辑像是医生，而审稿就像诊治患者。有时消灭了小小的病原菌，结果患者的体力也消失了。重要的是要站在患者的立场，做最适切的治疗。”②

（二）结构创建是选题策划的基本元素

在结构检查的过程中编辑会发现各种各样的问题，依据工作实际，笔者将问题分为三类：第一类是编辑能解决的一般文字问题，如删除不同层级中重复的内容、调整段落顺序、重新划分段落等，编辑有把握的可以直

---

① 赵运通．编辑策划的理论界说［J］．出版发行研究，1999（3）：43-44.

② ［日］鹫尾贤也：《编辑力：从创意、策划到人际关系（经典版）》，陈宝莲译，北京联合出版公司2017年版，第104页。

接处理；第二类是需要作者解决的问题，如专业性、学术性问题，编辑可以提出来请作者处理；第三类是编辑和作者都暂时解决不了的重要问题，这就意味着你可能发现新的选题方向。

编辑需要对选题有较深入的认识，才有可能提出结构创建的建议，才可能参与选题策划。“虽然依旧‘隐身幕后’，但编辑活动已不是简单的劳作，早已升级为基于客户需求的宏观布局与创意投入，具有无限无极的创意空间和无穷无尽的想象力。”① 这种宏观布局与创意投入就是结构创建。

选题策划就是提出具体的选题设想。其中最核心的问题就是出版物主题的确定和结构的设计，作者选择、形式设计、出版营销建议等是建立在主题和结构确立的基础之上的。从这个角度来说，结构的创建是选题策划的基本要素，结构创建的能力在出版物的策划中至关重要。

（三）结构延展是选题实施的重要条件

选题实施，有赖于策划者对各种资源的整合，使各种资源产生最大合力。编辑对选题结构认识加深，对主题、结构、知识的把握，是参与、引领项目组织实施的重要条件。

物色合适的作者，对选题的最终呈现至关重要。“编辑在物色作者时要向作者明确组稿意图和写作要求。为作者提供能激活创作激情的题材，为读者提供满足阅读诉求的图书是编辑选择作者的标准。”②

编辑对主题和结构了然于心，有助于编辑找到写作水平、写作风格与选题的主题、内容相适应的作者。

---

① 周国清，胡戈特：《多元变革语境下的编辑主题观——从“为人做嫁”谈起》，《中国编辑》，2021 年第 7 期。

② 曹维琼，张忠兰：《微观编辑学》，人民出版社 2018 年版，第 21 页。

“编辑是集创造型、组织型、实施型于一身的杂家。”① 编辑人才是指熟悉编辑出版流程，具有扎实的编辑加工能力、善于选题创意策划、能够组织出版项目的编辑。青年编辑要在改稿、策划、实施中逐步提升自己的能力。

编辑实践证明，结构检查对编辑工作具有两重功用，一是指导编辑加工，二是指导选题策划。书稿结构检查是编辑工作中的重要内容，是编辑层级划分的标准，是编辑成长的见证。因此，编辑看稿审稿应提倡“结构检查法”。

案例

献礼遵义会议九十周年：“伟大转折”丛书的出版

2015 年 6 月 16 日，中共中央总书记、国家主席、中央军委主席习近平在参观遵义会议纪念馆时指出：“遵义会议作为我们党历史上一次具有伟大转折意义的重要会议，在把马克思主义基本原理同中国具体实际相结合、坚持走独立自主道路、坚定正确的政治路线和政策策略、建设坚强成熟的中央领导集体等方面，留下宝贵经验和重要启示。我们要运用好遵义会议历史经验，让遵义会议精神永放光芒。”

一、选题策划

红色资源是中国革命历史的重要物质和精神财富，凝聚了中国共产党领导人民进行革命、建设、改革的奋斗精神和优良传统。用好红色资源、赓续红色血脉，是传承革命精神、弘扬爱国主义、增强文化自信的重要举措。

在中国共产党一百多年的光辉历史中，遵义会议无疑是一座耀眼的里

---

① 徐明松：《谈谈选题、组稿与编辑的职业意识》，《上海大学学报》，1987 年第 4 期。

程碑。党的三个历史决议均对遵义会议的伟大意义做出深刻阐述，党和国家领导人对遵义会议的历史贡献给予了高度评价。它是中国共产党历史上一个生死攸关的转折点，是党从幼年走向成熟的重要标志。遵义会议会址已成为中国革命的圣地，光耀伟业。

贵州是一片红色的沃土。从1930年至1936年间，红七军，红八军，红三军，红六军团，中央红军，红二、红六军团6支红军主力先后转战贵州，时间跨度达7年，历时累计21个月之久。其中，中央红军长征历时367天，在贵州转战的时间占中央红军长征三分之一。红军在贵州转战千里，先后在贵州68个县（市、区）开展革命活动。

贵州是中央红军长征的重要转折之地，也是长征精神、遵义会议精神的重要孕育地。为纪念遵义会议召开九十周年，贵州省宣传、党史、出版等部门积极谋划，把“伟大转折”丛书作为贵州省红色文化工程的项目重点安排，精心打造。从2023年开始，在中央有关部门领导专家的支持、指导下，中共贵州省委党史研究室再次召开会议做出安排部署，组织省内党史、军史等领域的专家学者和青年研究骨干共同参与，在过去多年资料征集和研究成果的基础上认真编写，作为遵义会议胜利召开九十周年献礼之作公开出版发行。由贵州组织撰写“伟大转折”丛书十分必要。选择“伟大转折”作为丛书主题既十分鲜明，也十分正确。这是一项具有重要意义的重大工程。按照编纂要求，这套丛书的出版要面对社会各方面群体学习中共历史的需要，在确保政治性的同时，要兼备学术性和通俗性。

二、内容策划

编辑必须尽早介入选题策划，形成自己的编辑思路，通盘考虑，全程参与。围绕“伟大转折”这一历史事件策划一套丛书。最开始一定要做好总体布局，不然很容易交叉重复。每一本书的内容要有相对独立性，能够单独阅读，力求每本书都能为读者提供独特的视角和新的视野。每一本书都需要有清晰的主旨和详细的章节规划。分册作者按照每本书的框架规划内容。丛书之间要注意内容衔接与互补性，确保系列图书之间的内容既相互独立，又有一定的衔接性。图书之间可以在某些历史事件、人物或思想观念上相互呼应和补充。“先定总框架，后定细节”一定程度上避免了作者的重复劳动。

编辑团队经过与贵州省宣传、党史部门以及专家的仔细讨论，将“伟大转折”丛书分为八册。主要内容安排分布如下：涉及党中央和中央红军的有五册，包括遵义会议、黎平会议、猴场会议、苟坝会议和四渡赤水；涉及红二、红六军团的共两册，包括红六军团西征贵州，红二、红六军团转战乌蒙及盘县会议；还有一册主要讲述贵州各族群众及中共贵州地下组织支持拥护红军。这样的谋篇布局，就是希望能从不同角度、更全面地解读中国革命实现伟大转折的历史逻辑。

为了保障整部丛书政治导向正确、史实准确，关于重要战役战斗、重要事件人物、重要历史成就的评述评价，以及引用的重大提法表述、阐释的思想观点论述，必须符合《关于若干历史问题的决议》《关于建国以来党的若干历史问题的决议》《中共中央关于党的百年奋斗重大成就和历史经验的决议》精神，符合党中央有关要求，严格与党史军史权威著作和最新口径要求对表，严格落实“三审三校”制度，不引用尚未公开出版的内部资料，做到政治导向正确、史实正确。

选题策划之初，将丛书定位为红色文化的普及性读物，在保障整部丛书政治导向正确、史实准确的同时，还要注意作品的可读性与通俗性。编辑建议每部书稿中可以穿插一些链接，介绍正文中提到的一些重要人物和重大历史事件，提供给读者补充的、来自另一个视角的阅读信息。链接要语言通俗、叙述生动，帮助读者更好地理解正文。

三、书稿审读

选题策划和内容策划为图书的定位和内容结构进行了细致的规划，经过几个月的写作。作者团队完成了初稿，编辑对稿件进行了初步审读。解读书稿，最易于入手的就是目录的解构。即通过对目录的分析拆解，达到对书稿架构整体的把握。清代历史学家王鸣盛说："目录之学，学中第一紧要事，必从此问途，方能得其门而入。"韦克斯曼在谈到文稿编辑如何审稿时曾说道："处理组织凌乱的作品另外有个好方法，就是剥掉文字，直接从结构下手，列出整本书的大纲，无论这本书是牵强地一章接着一章还是整本书的内容都混杂在一章之中……一份简洁的大纲就可以显露哪些地方重复，哪些地方有疏漏，哪些地方条理不清等问题，作者可以根据这份大纲，重新组织作品的内容。"通过运用结构检查法，编辑提出了如下审稿意见：

"伟大转折"丛书主题鲜明、布局合理、内容丰富、故事生动。

（一）该丛书在编写中能够把握政治性、历史性、可读性原则。编写坚持以习近平新时代中国特色社会主义思想为指导，以党史领域最新研究成果和党的三个历史决议为准绳。坚持辩证唯物主义和历史唯物主义，坚持党性原则和科学精神相统一，注意重大史实、人物、事件、观点的评价与中央精神保持一致。

（二）整部丛书的布局是十分合理的。《伟大转折》丛书，共有八册。《向前向黔——黎平会议正确抉择》《转折前夜——猴场会议坚定方向》《伟大转折——遵义会议永放光芒》《临危担当——苟坝会议集中统一》《得意之笔——四渡赤水出奇制胜》，这五册都是以中央红军为主体，围绕着伟大转折展开的。层层递进，反映了具有伟大历史转折意义的遵义会议对中国革命产生的重大影响。《不负使命——红六军团西征贵州》和《顾全大局——红二红六军团转战乌蒙》两册，一册重点是写红六军团为中央红军长征探路在贵州的战斗历程，另一册是写红二、红六军团长征在贵州的转战征程。特别是专门用一册《胜利源泉——贵州人民支持红军》的篇幅来写贵州人民在红军长征期间做出的牺牲和贡献，充分反映了习近平总书记“江山就是人民，人民就是江山”的思想，对于贵州革命老区人民发扬光荣的革命传统，学习红军战士不怕牺牲、不畏艰险的革命意志，传承伟大的遵义会议精神，推进中国式现代化，具有特别的历史意义和现实意义。

（三）整部丛书共有150多万字，内容十分丰富。整个丛书中讲述了大量的故事：红军长征中英勇战斗、不怕牺牲的故事；红军与贵州人民鱼水深情的故事；贵州人民支援红军长征的故事；贵州人民不怕牺牲救护红军的故事，等等。这些故事生动鲜活，特别感人至深。

（四）优化调整建议。

“伟大转折”丛书整体结构合理、逻辑清楚、史实准确，但还有一些可以优化调整的方向：首先要注意内容交叉重复的问题，做到取舍合理，如遵义会议、苟坝会议、四渡赤水专辑中交叉重复内容要进行适当调整；其次，红二红六军团转战乌蒙与红六军团西征链接内容要精简，贵州人民支持红军与红军在贵州的活动重复内容应视情节和需要进行调整。再次，初稿中的链接太多，链接与正文失衡，读者阅读的连续性被打断。最后，是初稿中选用的图片问题，有一些图片质量不高，可以直接删掉。另外有一些图片涉及版权问题，责任编辑需要酌情处理。

关于正文与链接失衡的问题编辑建议：(1) 链接就是故事，链接的目的是让读者更好地理解正文，链接要围绕内文讲故事。回忆录类的文章整篇选用不可取，链接内容要用到点子上，一定要围绕正文，和正文的内容相关联。(2) 用链接的内容充实正文，链接里面包括人物介绍、亲历者的回忆录、战斗遗址的介绍等，巧妙地运用这些材料，将故事串在正文里面写，一部分链接可以以引用的方式转入正文，转换为正文的叙述性语言。(3) 目录中不展示链接的内容。

在编辑审稿的基础上，请外审专家审读，保证稿件的质量。为保证稿件的质量，贵州人民出版社请长期从事中共党史、党和国家主要领导人相关文献编辑和研究工作的中共中央文献研究室科研管理部主任刘金田老师帮助把关，丛书作者、责编和刘主任一起参与了改稿座谈会，对各分册的修改提出具体的、具有可操作性的意见。

四、送审工作

稿件经过初审之后，作者根据编辑的审稿意见进行了修改，逐条落实修改意见，稿件的整体水平有了很大的提高。三审三校之后，就是稿件的送审工作。

重大选题备案是出版管理中的一项重要制度。当一个图书选题涉及重大、敏感等问题时，稿件必须先提交国家有关部门进行审读和备案。这个过程确保出版内容的合法性和合规性，维护国家安全和社会稳定。

根据《图书、期刊、音像制品、电子出版物重大选题备案办法》的相关规定，“伟大转折”丛书属于列入备案范围内的重大选题，需要进行重大选题备案。属于“涉及中国共产党历史、中华人民共和国历史上重大事件、重大决策过程、重要人物选题。”“涉及国防和军队建设及我军各个历史时期重大决策部署、重要战役战斗、重要工作、重要人物选题。”

申报重大选题备案时，编辑需要完整、规范填报并提交相关材料。具体如下：(1)省级出版管理部门或主管单位的备案申请报告。报告应当对申报备案的重大选题有明确审核意见。(2)重大选题备案申报表。应当清楚填写涉及重大选题备案范围，需审核问题，需审核的具体章节、页码和待审核的人物、事件、文献、图片等内容。(3)书稿、文章、图片或者样片、样盘、样带。书稿应当“齐清定”、经过编辑排版并装订成册，文字符合国家语言文字规范，引文注明出处。（4）出版物“三审”意见复印件。（5）备案需要的其他材料。包括有关部门同意立项的材料，送审照片（图片）样稿，相关部门保密审核意见等。

进入重备程序后，我们紧密跟踪汇报，得到了贵州省委宣传部的大力支持。几个月之后，重大选题备案的意见返回了。意见认为：“伟大转折”丛书作为红色文化重点图书的重要内容之一，对红军长征过贵州途中一系列重要会议、重大事件等进行了较全面详细的阐述，涉及的基本史实和背景没有发现错误，具有一定的可读性和文献价值。在充分肯定书稿价值的基础上，提出了很多修改意见，每一册都提供了总体意见和具体意见，归纳总结如下：

（1）建议以党的三个历史决议和习近平总书记有关论述精神为统领，做好修改工作。关于遵义会议的历史地位和历史意义，应进一步按照党的第三个历史决议的权威表述对标修改，确保规范准确。适当突出遵义会议精神内容，把第三章、第六章和第七章列为第四章，并丰富内容。

（2）书稿作为党史著作，在写作文风上应做到严谨，不要演绎、虚构场景，应保持书稿的前后统一。所有场景的描述、对话，应有扎实的依据。目前有些章节内容演义色彩较为浓厚，有文学色彩，不够严谨。如“橘林谈话”、毛泽东与李德争辩的细节等，建议根据权威传记认真修改。作为省级党史机构的作品，应进一步注意历史著作叙述和引文的准确性、权威性和规范性。书稿文学性创作内容较多，使其真实性和准确性遭到削弱。有些地方引用材料为文学作品，有的引用领导人讲话出处无法查核，文学色彩较浓。

（3）对某些历史人物的评价需严格遵循党的历史决议的表述。个别史实需要再核实，个别表述似是而非，有的叙述不够准确规范，个别地方较为随意，应注重把握好分寸。

(4) 参考书目不全，建议补充。参考文献方面建议增加使用官方权威著作。书稿引用的《毛泽东传》《毛泽东年谱》等权威图书，建议使用最新版本。

(5) 文章结构、书名、章节标题、文字细节修改的具体建议。编辑与作者对照审读意见的要求认真修改书稿，修改后的书稿按程序申请省新闻出版局审核，审核无误后按流程走出版程序。修改后的书稿体现了三个比较显著的特点。一是“正”，导向正确、史料准确、论述权威；二是“新”，使用最新成果、最新结论；三是“活”，图文并茂，链接故事性强。全面反映了红军长征在贵州召开的系列会议、战斗故事以及红军在贵州期间留下的宝贵精神财富，旗帜鲜明地阐述了贵州是中央红军的转折之地，是遵义会议精神、长征精神的发育之地；同时深入挖掘了红二、红六军团转战乌蒙的史实和红六军团西征在贵州的艰苦斗争，对红七红八军在贵州开展革命斗争的史实进行了全面整理，对贵州人民对红军的支持和中国革命的贡献进行了深入挖掘整理，是一部比较完整的红军在贵州活动期间的革命史、斗争史。

伟大的转折来之不易，留下的精神财富和经验启示经久愈韧、历久弥新。学习这段历史，让我们深情缅怀革命先辈的丰功伟绩，深刻铭记无数先烈的牺牲贡献，传承弘扬好伟大的长征精神和遵义会议精神。在新时代新征程上，进一步坚定中国特色社会主义的道路自信、理论自信、制度自信、文化自信，为了人民，依靠人民，坚决维护党中央权威和集中统一领导，在以习近平同志为核心的党中央英明领导下，战胜前进道路上的各种艰难险阻，取得民族复兴伟业新的胜利。

第五章

编辑的语言文字素养

编辑一个很重要的任务是做好文字工作。防止和消灭出版物上的文字错误，是编辑人员不可忽视的责任。因此，编辑人员必须具有一定的文字素养，掌握语言规律，重视对原稿的文字加工，把好出版物的质量关。

对于每一个编辑来说，掌握好编辑加工的技艺是至关重要的。这是编辑工作的基础，正如我国著名的编辑学家陈原所说："每一个合格的编辑，都应当是一个语言艺术家；如果一时驾驭不住语言文字，他就应当努力去学会驾驭这基础的工具，然后努力成为一个能把语言文字运用自如的巨匠。"

一、编辑的基本素养

（一）语言文字能力是编辑的基本能力

图书质量的好坏直接决定了它是否能够成功吸引读者，并在市场中占有一席之地。语言文字能力在其中起着至关重要的作用，编辑通过精确的语言表达和巧妙的文字运用，能够提升图书的整体质量，从而增强其市场竞争力。

语言文字能力是图书编辑的基础素养。编辑的主要工作之一是审阅稿件并进行修改。在这个过程中，编辑要仔细阅读每一篇稿件，发现其中的语言问题，并通过合理的修改，使得内容更符合语言规范。编辑必须具备精准、简洁、生动的语言表达能力，能够在审校稿件时发现并修正语法、拼写、标点等方面的错误。同时，编辑还需要根据不同的写作风格和图书类型调整语言的调性，使其更符合读者的需求和习惯。通过运用丰富的词汇、简明的表述和恰当的修辞，编辑可以优化稿件，使其既具有逻辑性又能吸引读者。

对于文学类图书、艺术类图书等作品，编辑需要具备文学素养和审美能力。这包括对文学作品的整体感知、对写作风格的敏感以及对文学艺术的理解。编辑的审美眼光能够帮助他们更好地筛选和润色作品，提升图书的文学价值和艺术感，从而增强作品的吸引力。

编辑还需要具备一定的专业知识，尤其是在处理学术类图书、技术图书或者具有专业领域背景的作品时，编辑的学术素养非常重要。具备相关领域的知识不仅可以帮助编辑更好地理解和把握图书内容，还能够在与作者沟通时提供有效的建议，确保作品在专业性和深度上达到高水平。

（二）语言文字能力在编辑工作中的实际应用

编辑工作不仅仅是文字的修改，更是一种创意的呈现。在日常工作中，编辑经常需要撰写选题策划书、与作者沟通的邮件、宣传文案、书评等。因此，编辑必须具备良好的写作能力。

与作者打交道是以文会友的艺术。编辑不仅仅是作者的合作伙伴，更是思想的引导者和文字的润色者。与作者的沟通不仅需要技巧，还要具备深厚的文化素养和语言能力。编辑应通过与作者的互动，理解其创作的深意，并在编辑过程中通过文字来表达出图书应有的魅力。在这个过程中，编辑要帮助作者提升作品的质量。编辑不仅要根据图书的主题和风格为其起一个恰当的标题，还要编写吸引读者的前言和简介，以激发他们的阅读兴趣。

为了让图书获得更多的关注和读者，编辑需要撰写宣传材料、新闻稿、社交媒体文案等。这些内容要求语言既简洁有力，又能够突出图书的卖点。一个成功的宣传文案能够迅速吸引读者的注意力，促使他们对图书产生兴趣并进行购买。因此，编辑必须具备优秀的语言文字能力，能够通过精准、有力的语言表达，将图书的亮点和特色传达给潜在读者。

（三）如何提高语言文字能力

正如编辑前辈杨牧之先生在《论编辑的素养》一书中所说的：“为他人作嫁衣的过程是不是也在为自己作嫁衣？是不是在给别人作嫁衣的过程

中也锻炼了自己、成长了自己、学精了做衣的手艺？”[①] 编辑的语言文字能力需要不断提升，这是一个长期积累的过程。提升语言文字能力不仅仅是为了提高自身的工作效率，更是为了能够更好地满足读者的需求，提升图书的质量和市场竞争力。

增加阅读量，丰富语言积累。编辑要提高语言文字能力，首先需要增加阅读量。通过阅读不同类型的图书，编辑能够积累丰富的词汇和语言表达方式，提高自己的语言敏感性。阅读不仅有助于积累语言素材，还能够帮助编辑理解不同文体的语言风格和技巧，从而为自己的写作和编辑工作提供灵感。

多写多练，积累写作经验。编辑需要进行大量的写作练习，提高语言的组织和表达能力，学会复杂思想和情感的简单表达。此外，编辑可以通过写日记、撰写书评、参与写作竞赛等方式积累写作经验，逐步提高文字表达的水平。

学习语法和修辞技巧。编辑的语言文字能力不仅仅是通过积累词汇和经验来提升的，还需要对语法和修辞技巧进行深入学习。借助现代工具和软件提升语言文字能力。例如，语法检查工具、拼写校对软件等可以帮助编辑发现和修正语言错误，提高写作效率和准确性。此外，编辑还可以通过在线学习平台、写作教程等资源，学习新的语言技巧和写作方法。

语言文字能力是图书编辑最基本的能力素养，贯穿编辑工作始终。编辑要不断提高自己的语言文字能力，为图书的出版和传播提供更为坚实的保障。

---

① 杨牧之：《论编辑的素养》，大象出版社 2009 年版，第 53 页。

二、把握好编辑加工的“度”

图书编辑在编辑加工的过程中把握好“度”是非常关键的。出版法规对图书编校质量的要求是对编辑加工工作的原则性要求，是编辑加工的“底线”。既要确保作品达到高质量的出版标准，又要尊重作家的文字风格和创作意图。这个平衡点的把握，需要编辑具备一定的专业知识和经验积累。

编辑必须不折不扣按相关法规，从政治立场、思想倾向、科学知识、语言文字以及表述逻辑等角度审查书稿，保证书稿质量。尽好审稿义务，决不能“放纵”原文，任由原文出现一些不严谨、不妥当、不正确的语言或者不符合规范的行文格式。

（一）尊重作者的创作意图和语言风格

编辑加工的“度”取决于多种因素，包括文稿的体裁、作者的风格、编辑的个人风格、编辑对有关出版法规的认识等。要把握好编辑加工的“度”，关键就在处理好这些因素之间的关系。

每个作家的写作风格都是独一无二的，语言上的个性化表达往往是作品的魅力所在。在编辑前，编辑可以与作者进行深入的沟通，了解他们的创作背景、写作动机和故事的核心，掌握作者的写作风格、语言特色和情感表达方式。编辑要具备敏感的审美眼光，避免过度“规范化”，应尊重并保留作者的独特表现方式。

编辑的任务是帮助作家在保留作者风格、不失去文化特色的前提下，使作品在语言上更具流畅性和易读性。在处理稿件时，编辑要特别注意作品的文化背景和地域特色，尤其是涉及方言、地方文化、历史背景等内容时。在处理带有方言或地方特色的作品时，编辑应尊重当地语言和文化的独特性，尽量保留其原汁原味的表达方式。例如，小说中的人物塑造、对话方式、描写风格等，都是作者创造性的体现。

作品中的文化背景可能涉及特定的历史事件、地方习俗或民族特色，编辑应当保持对这些元素的敏感性。在润色过程中，要确保这些文化元素的表达不会因为编辑的过度修改而失去原有的历史和文化意义。编辑可以与作者共同探讨修改方案，确保作家的情感和创作意图能够通过编辑而得到恰当的表达和传达。这种沟通能够让编辑在修改过程中不至于偏离原有的风格，避免无意中剥夺作品的个性。

（二）精细润色而非强行修改

有关编辑出版的法规是编辑加工工作必须认真参照的刚性要求，大多是做规范性加工，以消灭文字、词语、语法、标点符号等方面的差错为主。而对书稿文字做进一步的“美化”工作，则需要编辑以认真审读原稿、理解原稿、尊重作者意图为前提，否则就会出现“过度改稿”的问题。无论是改稿不足、过度改稿还是“不足”与“过度”同时出现，都表明编辑自身素质上的欠缺。只有加强自身素质修养，全面提高自己的政治文化水平，完善自己的知识结构，培养良好的改稿心态，才能较好地把握编辑加工的“度”，成为令作者放心、令读者舒心的优秀文字编辑。

在语言方面，编辑的首要任务是保证图书语法的准确性和表达的清晰性。编辑的另一个重要任务是通过润色提高作品的可读性。润色不仅仅是让文字通顺流畅，还要在不改变作家风格的前提下，提升作品的整体质量。确保语言流畅，使得读者能够无障碍地理解书中的每一段文字，确保句子结构的通顺，避免晦涩难懂的表达。增强表达的精准性，通过精准的措辞、准确的词语搭配，使图书内容更加准确易懂，避免使用模糊、笼统或重复的词汇。统一文风和语气，使全书的文风保持一致，无论是学术性严谨的写作，还是轻松幽默的风格，都应与图书的主题和目标读者匹配，提升图书的可读性。通过简化复杂表达、打破冗长的句子、优化段落结构，使内容更易于吸收和理解。避免大规模修改。编辑必须避免过度修改，尤其是在文学作品中，语言的细腻和韵律性有时比严格的语法规则更加重要。因此，编辑应判断何时需要纠正语法错误，何时可以保留作家的表达方式，即使它不符合标准的语言规则。

在编辑过程中，有时需要对文章进行删减或调整，以提高作品的紧凑性和可读性。然而，编辑的删改要有分寸，避免过度删减，特别是当涉及作家的情感表达和文笔时。其是对于文学创作类作品，编辑应尽量避免过度删改，尤其是在情节发展、人物塑造、情感表达等方面，必须保留作品的独立性和作者的创作精神。如果某些段落或细节确实不符合内容的主线或过于冗长，编辑可以进行删减。但在删减之前，编辑需要仔细权衡这些内容是否对作品的整体氛围和主题有重要作用。

（三）一致性与规范性

在编辑加工过程中，一致性与规范性也是非常关键的。例如，书中的人物名称、地点、术语等要确保前后一致，不出现拼写错误或使用混乱的情况。此外，图书中的引用、参考文献、标点符号等，也需要按照出版行业的标准和规范进行调整，以提高作品的专业性与权威性。在处理一本学术性图书时，编辑需要对书中的引用格式、注释、参考文献进行统一规范，确保它们符合学术出版的要求。此外，编辑还要检查所有术语的准确性，确保它们在整本书中使用的一致性，以提升图书的学术质量。

编辑在编辑过程中并非完全是单方面的干预，而应与作者保持良好的沟通与合作。编辑可以将修改过的部分及时与作者沟通，向作者提供详细的修改反馈，询问作者的意见和看法，确保修改的方向与作者的创作初衷一致。如果作者坚持不修改，编辑应评估其是否会影响作品的整体质量，做出平衡性决策。

编辑在进行编辑加工时，必须高度重视“度”的把握，既要确保作品符合出版的基本要求，保证语言的规范性和内容的流畅性，又要尊重作者的创作意图和文字风格。通过与作者的紧密合作、细致的修改和适度的删减，编辑能够在提升作品质量的同时，最大限度地保留作者的创作个性与风格，确保作品的独特性得以展现。这种平衡的把握，既是编辑的职责，也是其专业素养的体现。

三、汇编类稿件的加工要点

汇编类稿件通常是指将多篇独立的文章、论文、报告等按一定的主题、逻辑或目的汇集成册的作品，涉及大量的信息整合、内容筛选和知识梳理，编辑加工的过程不仅要求编辑严谨细致，还要求编辑具备一定的专业知识和逻辑构建能力，重视各部分的协调性与整体统一性。

（一）理解汇编稿件的主题和编纂目的

汇编类稿件的主题通常是围绕某一特定领域、事件、问题或研究方向展开。编辑在开始工作之前，首先要深入理解汇编稿件的主题和编纂目的，要了解读者群体、使用场景以及预期达成的效果，选择最合适、最权威的信息来源，确保稿件的准确性和时效性。因此，在编辑加工过程中，必须保持高度警觉，确保稿件中选取的内容与主题直接相关。

分析编纂目的。每本汇编的编纂目的可能不同。汇编类作品可能是为了学术研究、行业发展、政府政策制定，或是教育普及等不同目的，因此编辑需要根据编纂的目标，确立编辑方向。例如，学术类汇编可能偏重理论探讨和实证研究，而面向大众的普及性汇编则要注意通俗易懂的语言和实用性内容。

在明确主题和目的之后，编辑还应深入挖掘该主题的内涵。除了基础的理论知识，编辑要关注主题的最新发展、热点问题或前沿技术，确保汇编稿件具备现代性与时效性。编纂目的如果偏向行业实践，编辑应关注行业内的最佳实践、前沿案例和经验总结，体现实际应用的价值。

（二）稿件的整体统一性

内容的逻辑性和结构性。在处理汇编类稿件时，编辑需要确保稿件整体结构的统一性和逻辑性。每篇文章或每部分内容都应有清晰的逻辑脉络，并与其他章节或篇章之间的内容相辅相成，避免割裂或重复。编辑需要帮助编者设定章节的分布和各部分的顺序，确保整个汇编的逻辑链条流畅。

各部分内容的协同性。汇编稿件通常由多个作者或多个小节组成，每篇文章的写作风格、深度、结构和表述方式可能存在差异。编辑要在每篇文章之间进行协调，调整文章间的风格，使整个汇编的语言风格趋于一致。

注意沟通与合作。编辑不是孤立的工作，有效的沟通和团队协作能带来更全面的视角，从而提高汇编稿件的质量。编辑工作需要持续学习和不断的自我提升。汇编类稿件的编辑加工是一项综合性很强的工作，不仅要求编辑有扎实的专业知识基础，还要求有较强的逻辑思维能力、细致的工作态度和高效的工作能力。通过实践不断提高业务技能，才能更好地完成汇编类稿件的编辑任务。

（三）统一标准和格式规范

丛（套）书项目统筹编辑的主要职责就是统筹该丛（套）书的一切编校工作，制定相应的规则，组织和召集丛（套）书项目编校会议，确保汇编稿件的一致性和专业性，编辑需要制定统一的标准和格式规范，包括数据呈现、引用格式等，并贯穿应用于整个稿件。还需要确保标题、副标题、段落等格式一致，符合出版要求。因此，丛（套）书稿件的整体统一性，成为重中之重。

参考文献与注释的规范化。汇编类稿件通常包含大量的参考文献、注释或引文。编辑需要确保这些引用的格式统一、准确，符合相关的学术规范。例如，如果是学术类汇编，编辑需要确保引用格式符合相关出版规定，注释部分需要精确到页码和出版信息，避免引用错误或格式混乱。

总的来说，汇编类稿件的编辑加工需要充分理解稿件的主题和编纂目的，确保稿件的整体统一性、统一标准和格式规范。同时，编辑要注重文字润色等细节工作，确保作品满足目标读者的需求。

案例

贵州新文学三十年的回眸：《贵州新文学大系》的编辑出版

中国新文学已经走过了百年历程，贵州新文学也步履不停，漫长的一个世纪的确需要回眸和展望。《贵州新文学大系 1990—2019》延续了1997年出版的《贵州新文学大系 1919—1989 年》的定位，公正、系统地对1990 年至 2019 年期间在思想或艺术上有一定代表性的文学作品进行整理，选编成集；对这一时期贵州文学创作及获奖情况等做了一次详尽梳理，对贵州文学的发展脉络、理论主张、各种体裁的创作，或作历史的回顾，或为理论的阐述，从宏观和微观两方面较为详尽地介绍该时期贵州文学的发展状况，探求新时期、新形势下贵州文学的自身特点和潜在优势，全面、系统地展示贵州文学的发展轨迹。《贵州新文学大系 1990—2019》获 2019 年、2020 年贵州省出版传媒事业发展专项资金资助。

一、系统而又繁重的整理工作

1990 年—2019 年，是中国，也是贵州经济飞速发展的三十年，中国与世界的进一步融合、社会经济的飞速发展、国民观念的巨大转变，都在文学创作中得到真实的反映，出现前所未有的繁荣局面。我们期望贵州文学在这三十年间发生的变化和进步，都可以浓缩蕴积在这套丛书中，为贵州的社会变革和发展进程提供一种历史文献和文学镜像，构成“可读贵州”的基础，成为贵州地域文化积淀中的一个重要部分。期待做出一套为贵州文学史留下一笔丰厚的具有历史文献价值的重要图书。以下是编辑在这一过程中的重点难点以及如何做好出版统筹的分析。

（一）选题的广泛性与多样性

1990 年以来，随着社会转型和各种文学思潮的兴起，文学创作明显走向多元化，无论是创作题材、手法、语言还是主题意蕴，相较过去都有很大变化，呈现出丰富多彩之势。这也同样反映在贵州作家在这一时期的文学创作中。

编辑出版《贵州新文学大系》是一次具有学术价值与历史意义的出版实践，编辑不仅要在作品筛选、文献整理、版权确认等方面进行细致的工作，还要在整个出版过程中发挥统筹协调的作用。通过科学的策划、细致的执行和有效的沟通合作，使其顺利出版并取得广泛的学术和市场影响力。

编辑出版《贵州新文学大系》是一项庞大而复杂的工作，不仅涉及对贵州近三十年文学创作的系统整理，还需要对不同类型的作品进行精细的策划与协调，确保每一部分都能展现出该省文学发展的风貌。对于编辑来说，这类汇编类图书的编纂既是挑战，也是一次重要的学术与实践任务。

汇编类稿件通常涉及大量的信息整合、内容筛选和知识梳理。1997 年贵州人民出版社出版了《贵州新文学大系 1919—1989》，包含《现代文学卷》(2 卷本)、《中长篇小说卷》(2 卷本)、《短篇小说卷》(2 卷本)、《诗歌卷》、《儿童文学卷》、《散文卷》、《文论卷》、《史料卷》等八类共十一卷的图书。在此基础上，《贵州新文学大系 1990—2019》初步规划了包括长篇小说、中篇小说、短篇小说、散文、诗歌、儿童文学、报告文学、文学史料、文学理论等九类图书。每一类作品都有其独特的文学价值、风格特点及历史地位，编者需要对这些文类的要求进行全面理解和细致的策划。

（二）专家团队的建设与协调

考虑到《贵州新文学大系 1990—2019》的学术性和文学价值，编辑需要组建一个强大的专家团队。《贵州新文学大系 1990—2019》编委会包括学者、评论家、作家、文学研究人员等，他们不仅能够在作品筛选、文献整理、文学理论等方面提供专业的指导，还能够帮助编辑解决一些疑难问题。

《贵州新文学大系 1990—2019》的组稿工作主要由贵州省作家协会完成，学者、文学评论家等多方协助。贵州省作家协会是中国共产党领导下的各民族作家自愿结合的专业性人民团体。是省委和省政府联系广大作家、文学工作者的桥梁和纽带，是繁荣文学事业、加强社会主义精神文明建设的重要社会力量。

编辑与专家团队分工合作。编委会需要根据长篇小说、中篇小说、短篇小说、散文、诗歌、儿童文学、报告文学、文学史料、文学理论各个文类的特点，挑选合适的专家来负责每一部分内容的选择、整理与审定，确保丛书的专业性和学术性。编辑需要为《贵州新文学大系 1990—2019》系列丛书的出版工作制定详细的时间表和工作计划，确保每个环节都能按时完成。包括各类作品的选题、收集、版权确认、文献整理等工作，以及后期的设计、排版、印刷等流程，编辑要与设计师、排版人员、出版团队紧密合作，确保工作的顺利进行。

（三）编辑规划与作品筛选

编纂《贵州新文学大系 1990—2019》对于贵州文学界而言是一项系统而又巨大的整理工程。编辑框架是组稿的首先需要确定的问题，设定整套书的结构，分为哪些类别。每本书的结构、如何组织内容，是按年代、流派、主题等方式进行编排还是单独处理每个作家的作品。其次是确定作品的选择标准。选择哪些作品收入本套丛书，是否依据文学价值、影响力、历史地位等标准？编委会及编辑都需要对该文学领域的代表作品进行充分调研。最后，作品的多样性与平衡性也是编辑和作者团队需要考虑的问题，要确保所选作品在风格、题材、形式等方面的多样性和均衡性，以保证大系的全面性。

经过编委会细致的讨论，《贵州新文学大系 1990—2019》的出版格局基本构建完成。包含长篇小说卷、中篇小说卷、短篇小说卷、散文卷、诗歌卷、儿童文学卷、文学史料卷、报告文学卷、文学理论卷九个品种。

为公正地选择近 30 年贵州作家们创作的、能代表贵州儿童文学创作水平的作品，经编委会讨论决定，贵州本籍和客籍作者在省级以上刊物发表、由省级以上出版社公开出版的文学作品是入选《贵州新文学大系 1990—2019》的必备条件。这一时期在省内外地市级以上文学评奖活动中获奖，或列入年度排行榜，入选各种文学作品选集、专集的作品也在入选之列。原则上每位作者诗歌类作品不能超过 500 行，其他类作品不能超过 8 篇，总字数不能超过 2 万字。当然，也有一些符合入选条件的作品，由于编委会找不到稿件，或无法联系上作者，所以未能收入卷中，致使此卷尚不能收录1990—2019年贵州文学的全部作品。编委会将竭尽全力，全面收集整理，希望此书能够全面、客观地反映1990—2019年贵州文学创作的面貌，代表近30年来贵州文学创作的真实水平。

（四）文献收集与版权问题

在汇编过程中，要尊重版权，并合法使用各种资料，对于必须授权的内容要及时取得授权，避免版权纠纷。由于《贵州新文学大系》涵盖了1990年至2019年近30年的文学作品，需要收集大量的作品和相关文献，作品来源包括已出版的图书、期刊、未出版的作品原稿等。不同作品的版权归属可能涉及多个方面，编辑需要确保版权问题清晰明确，避免版权纠纷。这一过程需要大量的时间和精力，编辑需要与各位作家、出版社以及版权方沟通，确保能够顺利获取所需的作品版权。

遗失的文学作品与散逸的文献：部分优秀的文学作品可能由于历史原因未能出版，或者某些文献资料散失，编辑需要尽最大努力进行寻找、补充，确保大系的完整性。

二、编辑工作中的重点难点

《贵州新文学大系》涉及的作家作品众多，笔者作为一名新入行的编辑，无论是在专业知识储备还是在实际操作经验方面都不是很足。如何有效地进行编辑加工，确保本稿件的专业性和准确性，对笔者来说无疑是一次严峻的挑战。

（一）理解不同文学体裁作品的主题和发展脉络

在正式进入编辑加工的流程之前，编辑需要对《贵州新文学大系》的整体规划有所了解，不同的责编需要对不同文学体裁作品的主题和发展脉络做到心中有数。具体来说，贵州的文学传统是以短篇小说而闻名于中国文坛的，从蹇先艾的《水葬》到何士光的《乡场上》《种苞谷的老人》《远行》，再到欧阳黔森的《断河》《敲狗》《丁香》等，都是耳熟能详、脍炙人口的作品。蹇先艾、何士光、欧阳黔森是不同时代贵州文学的领军人物，他们支撑起了贵州文学的高地。纵观近三十年的短篇小说作品，我们可以把它们分成三个时期来考察，即 1990 年至 1999 年段、 2000 年至 2009 年段、 2010 年至 2019 年段。这三十年间，贵州短篇小说创作显现出新与旧交织的景象。到新世纪的第一个十年期间，贵州短篇小说已经进入了相对成熟和稳定的发展期，其风格逐渐形成。迈入 21 世纪的第二个十年时，贵州短篇小说的现代品质更加彰显。近年来，一批青年新锐作家突起，为贵州短篇小说的创作注入了新鲜强劲之力，这是传承贵州文学传统的希望所在。

小说、诗歌、散文等体裁的文学作品编排基本是按年份划分，鉴于儿童文学文本的特殊性，儿童文学卷作品按四类编选。第一类为小说，第二类为散文、报告文学，第三类为童话、寓言，第四类为诗歌、童谣、曲艺。长篇小说鉴于篇幅原因，不可能全文收录，如何截取最精彩的部分呈现给读者也是一个编创的难点。编辑需要充分与原稿作者和编者沟通，多方协调后确认入选章节。

（二）遵循规范和统一原则

贯穿整个编辑加工过程中的重要原则就是规范、统一。虽然整个过程费心费力，但扎实的基础工作为后续工作流程的效率提升奠定了坚实的基石。

经过编辑和作者前期的充分论证、筛选，九个品种的总体出版格局为长篇小说卷（3 卷）、中篇小说卷（4 卷）、短篇小说卷（4 卷）、散文卷（3 卷）、诗歌卷（4 卷）、儿童文学卷（2 卷）、文学史料卷、报告文学卷、文学理论卷等九类共二十余卷图书。

由于涉及的作品类别较多，编辑需要进行有效的时间安排，合理分配各个环节的工作任务，确保每一类作品在出版周期内能够顺利完成。长篇小说、中篇小说、短篇小说、散文、诗歌、儿童文学、文学史料、报告文学、文学理论九个品种，分给《贵州新文学大系》项目小组9位不同的责任编辑。一个编辑负责一个品种，作者方贵州省作家协会也安排了相应的老师与编辑对接出版社的工作。

在《贵州新文学大系》的编辑加工过程中，细节的核查关系到整套书的严谨性和权威性。具体包括以下方面：(1) 核查文章的出处是否正确。编辑需要仔细核查每篇作品的最初出版来源，确保所有引用或收录的文章都标注了正确的出处。这不仅关系到版权问题，也直接影响作品的学术性和可信度。特别是对于经典文学作品，出处的确认更为重要，避免出现引文错误或对作品来源的误解。(2) 核查奖项名称与作品名称是否一一对应，避免出现奖项信息与作品不符的情况。(3) 对于同一位作家的不同作品，编辑需要根据作品的性质与主题进行合理的分开或合并，在编排时要合理划分和整合。(4) 如果作品曾被转载，编辑需要查明其首次发表的时间，并在书中注明。首次发表时间对于了解作品的历史背景、创作脉络至关重要。(5) 如果发现某些作品被重复选用，编辑需要及时删除重复部分。(6) 有些作品是全部收录，而有些则是节选。编辑必须明确标注哪些作品是完整收录，哪些是经过删节或节选的。

每一项工作都要求编辑具备高度的责任心与细致的审查能力，最终才能呈现出一本学术性与文学性兼备的精品集。

（三）沟通协作，处理稿件中疑难问题

编辑不仅要为图书的内容质量把关，也要在整个项目中充当协调者和沟通者。通过与项目成员、作者等多方沟通，确保整个项目的顺利推进和成品的作品质量。

与项目成员沟通协作，编辑在整个项目中通常处于核心协调角色，涉及稿件的组织、审核、修改和排版等各个环节。在这一过程中，编辑需要与项目成员进行有效沟通，包括但不限于策划人员、校对人员、设计人员、排版人员以及版权人员。

在编辑过程中，稿件可能会出现一些难以处理的问题，编辑需要与作者沟通解决稿件中的疑难问题。对自己查阅各种资料后仍心存疑虑的问题，要敢于向作者陈述自己的疑虑，不要害怕作者会因此认为自己无知。只要编辑抱着虚心求教的态度，作者就会认真对待编辑提出的疑问。如对作品编排是否合理的讨论，对核查内容有疑问需要作者方进一步确认，篇名、出处、时间、人名、奖项等与作者提供的不一致。类似这种问题很多，笔者都与相关专家进行了及时沟通和最终确认，用严谨的态度和规范的表述确保了稿件质量。

编辑与作者的沟通关系尤为重要，尤其是在文学大系这种涉及大量经典作品和新创作品的项目中，编辑需与作者保持持续的合作与互动，确保稿件质量和内容的准确性。

《贵州新文学大系 1990—2019》一系列作品能够系统地呈现和传承当代文学的精华，反映社会、历史与文化变迁，成为时代精神的载体。可以为读者提供多维度、多角度的文学视野，促进文学的深度理解和欣赏。其次，该套书的出版能够为学术研究提供宝贵的参考资料，成为学者和研究者深入探讨文学流派、创作风格及社会背景的重要工具。最后，这套丛书的出版有助于增强文化自信，增强民族文化的认同感。它不仅是一项学术工程，更是文化传承和创新的桥梁，通过展示文学的多样性和深度，推动文学艺术在新时代的繁荣与发展。

贵州的文学创作自 1990 年以来，有了长足的进步，获得了诸多奖项，取得了一定的成绩。不少作家脱颖而出，具有多种艺术追求和创作潜力，受到了一定的关注。我们相信，在新时代，贵州的文学创作者们一定会立足贵州、携手共进、勇毅前行，创作出更多不负时代、不负人民的文学作品。

第六章

编辑的沟通协调能力

在图书出版的过程中，编辑并不是孤立作业的角色，往往还涉及与作者、设计师、排版人员、营销人员等多个方面的协调与合作。图书出版是一项高度依赖协作的工作，涉及多个环节的复杂过程，编辑的工作必须与其他部门紧密配合，才能确保项目顺利进行。每个部门的职责不同，但都围绕着最终产品——图书的质量与市场效果进行工作。

编辑的沟通协调能力是图书出版过程中一项非常重要的能力，涉及多个环节、多个部门、不同的专业人员以及作者、审读专家等各方参与者。每个环节都可能涉及大量细节，如果沟通不畅，可能导致信息误解或传递不准确，从而影响项目的整体进度和质量。

一、用精神和品德团结作者

拥有一批好作者，既是一个出版社的实力标志，也是一个编辑的能量所在。编辑在图书出版中要发挥作用，很重要的一点是要与作者建立良好的合作关系。如何与作者建立起一种良好、有效的合作关系，不仅关系到编辑的专业能力，也关系到图书出版的顺利进行。

学会跟作者打交道是编辑的必修课。只有编辑与作者合得来，才有实现好策划的可能性。世界之大，无奇不有，作者之众，形形色色，如何才能与作者合作好，当然来不得半点粗心大意。一般来说要具体情况具体对待，相机行事，另一方面还是要以不变应万变，恪守一些法则也是必须的。

编辑与作者是合作的关系，合作的原则就是要共担风险、共享利益。与作者建立长期的合作关系，不仅能帮助编辑稳定出版产品线，还能共同拓展选题。换句话说，帮助作者就是帮助编辑自己。

（一）初次接触：与作者建立信任关系

编辑与作者的第一次接触往往决定着双方合作的基调。因此，建立信任关系是顺利开展后续合作的第一步。编辑与作者初次沟通时，编辑要表现出友好和诚恳，避免过于严厉或批评性的语言。通过温和的交流方式，减少作者的心理负担，创造积极的合作氛围。

在初次接触时，编辑不仅需要展示出自己的专业性，还要能够展现出对作者创作的尊重。首先，尊重作者的创作。每位作者都将自己的作品视为独一无二的创作，而作为编辑，尊重作者的创作意图，避免强加个人意见，是建立良好合作关系的前提。尊重并理解作者的创作理念，是建立信任的基础。其次，了解作者的背景。与作者沟通时，了解其过往的创作经历和出版背景，有助于编辑更好地与其沟通和指导。例如，某些作者可能已有丰富的出版经验，因此在合作时可能更倾向于自主创作；而一些新作者则可能需要更多的编辑指导与帮助。最后，明确合作目标。编辑与作者明确出版的目标和期望非常重要。编辑应清晰表达出版计划的核心目标、图书定位及市场方向，使作者对整个出版过程充满信心。

（二）清晰表达：向作者传达编辑反馈

在图书的编辑加工过程中，编辑常常需要与作者进行多次沟通，反馈意见并提出修改建议。在这一过程中，如何清晰、有效地传达编辑的反馈意见是至关重要的。

编辑应给予作者充分的鼓励，肯定书稿中的亮点。良好的反馈能够增强作者的信心，促进其进一步的创作。在向作者反馈意见时，编辑应清晰表达修改建议的理由，向作者解释修改的原因及其可能带来的效果。这样，作者能够理解修改的背后是出于对作品质量和市场反馈的考量，从而愿意采纳建议。编辑应注意用词和语气，避免过于直接或尖锐的批评。例如，避免直接使用“这是错误的”或“这部分写得不好”，可以改用“这一部分可以做得更好，考虑加入一些……”，从而使作者感到更加被尊重，并且愿意接受反馈。

编辑应从多维度为作者提供反馈。编辑反馈不仅要关注书稿的语言表达，还应从结构、内容、逻辑等多个角度提供反馈。这样不仅能帮助作者提高作品的整体质量，还能帮助其从更全面的角度认识到自己的创作优缺点。

（三）处理矛盾：巧妙化解编辑与作者间的分歧

作者及时交稿，出版社按时出书，这是双方合作愉快的基石。但在图书出版过程中，编辑与作者难免会遇到分歧与矛盾。这时，编辑不仅需要具有处理问题的能力，还需要在沟通过程中采取合适的方式来解决争议。

编辑与作者的分歧往往源自双方对书稿的不同理解与预期。在此时，编辑应表现出理解与耐心，尊重作者的创作主张，但也需要坚定自己的专业判断。通过双方的共同商讨，寻找最佳的解决方案。

在一些问题上，编辑与作者的意见可能难以完全一致，这时就需要找到合适的妥协点。编辑可以适度让步，但仍应确保作品的质量与市场接受度。妥协的过程需要保持平衡，避免过度迎合作者，导致作品失去专业性和市场竞争力。在一些特别复杂的情况下，编辑可以考虑寻求第三方专家或顾问的意见，作为协调意见分歧的参考。这能够提供更具客观性和公正性的解决方案。

（四）尊重创作：找到编辑建议与作者意图的平衡点

在编辑过程中，如何平衡编辑的专业意见与作者创作的初衷，是一个关键问题。理解作者的创作意图：每一位作者在创作时都有自己的初衷和方向，编辑应尽量尊重这一点。在提出修改建议时，编辑要考虑如何在不影响创作核心的前提下，进行优化和调整。了解作者的创作背景和个人风格，有助于编辑提供更合适的建议。

编辑在加工过程中应避免过度干预作者的作品。编辑的作用是提供专业的建议和修改意见，帮助作者提升书稿质量，而不是重新创作图书。过度修改会剥夺作品的独特性，影响作者的创作自由。

有时，作者的创作方向和市场需求之间可能存在差距，编辑需要在这两者之间找到平衡点。编辑应帮助作者在尊重创作意图的基础上，做出适当的调整，使作品在保持原创性的同时，能够适应市场的需求。

（五）长期合作：建立持续的沟通机制

编辑与作者的合作不仅仅是短期的，而是一个长期的过程。在图书出版后，编辑和作者之间的沟通与合作依然不可忽视，尤其是在营销推广、作品续集、品牌建设等方面。在图书推广活动中，编辑应继续为作者提供必要的支持。例如，安排签售会、组织媒体采访，帮助作者建立起个人品牌，进一步扩大其影响力。

编辑应与作者保持长期联系，及时了解作者的最新创作动态，维护良好的合作关系。无论是通过邮件、电话，还是社交媒体，定期与作者沟通能够进一步巩固合作。作者完成一本图书后，编辑可以鼓励其继续创作，并提出合理的建议，帮助其挖掘潜在的创作主题或方向。通过持续的沟通与支持，编辑可以成为作者的创作伙伴和指导者，推动其不断进步。编辑与作者一起成长。

“编辑与作者接触，贯穿于组稿、审稿、出书的整个过程中，在不同的阶段，对编辑的工作有不同的要求，编辑应该以读者、作者、书评人的三重身份和角色进入状态”① 编辑与作者之间的沟通不仅是图书出版的一个重要环节，更是编辑的重要工作之一。编辑需要深厚的文化素养，才能成为作者的得力助手，从而与作者建立长期的合作关系。

---

① 高若海：《编辑力十讲》，商务印书馆 2020 年版，第 169 页。

二、编辑流程中的多方协作

出版是一个系统工程，要依靠集体的力量。编辑往往需要在不同部门之间、作者与审读专家之间扮演中介者的角色，确保各方的意见和需求得到平衡。这就要求编辑还须具备较强的调解能力。在出版过程中，编辑不仅需要处理好复杂的沟通工作，还要根据不同的利益关系，推动项目的顺利进行。

（一）编辑与设计师的协作

图书的视觉效果和排版设计是图书出版过程中的重要环节。封面设计、内页排版、插图、字体等直接影响读者的阅读体验和购买决策。作为图书的直接责任人，编辑需要与设计师密切合作，确保图书的视觉设计与内容的主题、风格和读者需求高度契合。

封面是读者接触图书的第一印象，编辑需要与设计师共同探讨图书的主题和受众群体，提供明确的设计方向。在这个过程中，编辑需要向设计师传达图书的核心信息，确保封面设计既能吸引目标读者，又能有效传达图书的内容精髓。

图书的排版设计直接影响阅读的流畅度。编辑需要与排版设计师沟通，确保内页设计合理，文字排版清晰，图片呈现美观合理。

（二）编辑与宣传推广团队的协作

市场营销与销售团队的主要任务是确保图书在目标市场的成功发布和销售，而编辑需要从内容层面为这些团队提供支持。编辑在策划选题时，往往要提前与营销团队沟通，了解市场的需求趋势和潜在读者群体，以确保选题的市场潜力。在图书即将完成时，编辑还要与营销团队共同讨论宣传策略，帮助制定合适的图书推广方案，配合制定宣传语、广告文案等，使图书能够最大化地吸引目标读者。

在图书出版的过程中，市场营销团队的作用不言而喻。无论是线上推广、线下活动、还是书店陈列、广告投放，市场营销团队都需要为图书提供有效的推广方案，帮助图书吸引更多读者。编辑需要协助市场营销团队撰写精准的宣传文案、图书简介和广告语。编辑应该从内容角度出发，帮助营销人员提炼出图书的亮点、卖点，做到语言简洁、引人入胜。

（三）编辑与专家的协作

对于学术性或专业性较强的图书，编辑需要与审稿专家或学术顾问保持联系，以确保书稿内容的准确性和权威性。审稿专家不仅可以提供学术或专业意见，还能帮助编辑评估图书的学术价值或可行性，提升图书的质量。

编辑必须根据图书的类型和主题确定合适的专家人选。对于学术类图书，审读专家通常需要具备相关领域的权威性和深厚的专业知识；对于通俗读物，则可以选择知名作家或意见领袖。选择好审读专家后，编辑需要清晰地向他们阐述图书的出版目标、受众群体和具体要求。这有助于专家提供精准、具有针对性的反馈。在专家审读的过程中，编辑应与专家保持持续沟通，及时解答专家的疑问，并根据专家的反馈做出适当的修改或调整。审读专家的意见往往直接影响图书的最终质量，因此编辑要重视每一位专家的建议，并进行深思熟虑后再决定是否采纳。

在审读专家给出反馈意见后，编辑通常还需要与作者共同讨论这些修改意见。作者可能对审读专家的反馈有不同的看法，因此编辑需要在这种情形下起到调解作用，既要尊重作者的原创性，又要听取专家的意见，确保两者之间的良好合作。通过编辑的协调，作者和审读专家之间可以就一些修改意见进行深入讨论，从而优化图书的内容。

编辑的角色，不仅仅是内容的把关者，更是沟通协调者和各方意见的平衡者。在这种多方协作下，图书的出版才能顺利进行，并取得理想的效果。

三、站在读者立场多出好书

在图书出版的整个过程中，编辑不仅需要与作者、出版团队、市场营销人员进行有效沟通，也要关注与读者的互动。尽管编辑的主要工作集中在书稿的组织、修改和完善上，但编辑对读者的关注同样至关重要。

编辑与读者之间的沟通，不是单向的传递过程，而是双向互动的沟通过程。编辑要通过理解读者需求，准确把握市场趋势，推动图书作品的顺利发布，同时与读者保持持续的互动，可以增加作品的影响力和生命力。

（一）理解读者的需求：编辑与读者沟通的基础

编辑与读者的沟通首先从理解读者需求开始。编辑在选题策划之初就要考虑读者的阅读习惯、兴趣爱好、内容需求等。读者需求是图书出版工作中不可忽视的重要部分。正是基于读者需求，编辑才能在选题策划、书稿修改、图书推广等多个环节上做出更具针对性和有效性的决策。

编辑首先需要明确图书的目标读者是谁，了解目标读者群体。例如，儿童读物的编辑需要了解儿童的兴趣爱好、阅读能力及其心理发展特点；而学术图书的编辑则要了解学术研究人员的需求与偏好。了解目标读者群体的基本情况，是编辑与读者建立有效互动的基础。

编辑在选题策划之初要调研读者的阅读偏好，可以通过市场调查、读者反馈、社交媒体、书评等渠道了解读者的具体需求。通过调研读者，编辑能够为书稿的修改和提升提供具体的依据。在图书编辑中，编辑不仅要与读者进行直接沟通，还要敏锐地捕捉市场趋势和文化动态。

（二）通过图书反馈与读者建立联系

编辑与读者的沟通不应该仅仅停留在图书的创作和出版阶段。作为出版的中介，编辑需要通过各种方式与读者保持互动，获取他们的反馈，以便在未来的作品中做出调整与改进。

编辑通过社交媒体与读者互动。社交媒体已经成为编辑与读者沟通的主要渠道之一。编辑可以通过微信公众号、微博、小红书等平台，发布图书相关内容，分享图书的创作背后故事或创作心得，及时回应读者的提问与建议。这种互动不仅能增加读者对图书的兴趣，还能让编辑与读者之间建立更加紧密的联系。

编辑通过线下活动与读者互动。编辑可以通过组织读者见面会、签售会等线下活动，直接与读者面对面交流。这不仅是一个图书推广的手段，还是一个与读者建立情感联系的机会。

编辑可以利用互联网平台创建书友会或读者社群，鼓励读者分享他们的阅读体验、书评以及相关话题的讨论。这不仅能增强读者的参与感，还能帮助编辑了解目标读者的具体需求，推动图书内容的进一步完善。

编辑应通过各种渠道收集读者对图书的反馈，如读者评价、评论区留言等，分析这些反馈信息，了解哪些部分得到读者的认同，哪些内容可能需要进一步优化。特别是在图书出版后的推广阶段，读者的反馈可以成为编辑改进后续图书作品的重要参考依据。

在现代的出版环境中，读者评价具有极大的影响力。编辑需要密切关注读者在各大书店平台或社交媒体上对图书的评价，筛选出有价值的读者评论进行展示，提升图书的可信度和吸引力。同时，编辑要妥善处理负面评价，及时回应读者的不满，维护图书和作者的形象。

（三）编辑通过读者互动提升图书市场竞争力

编辑与读者良好的互动关系能够帮助编辑及时发现图书的不足，并在日后的工作中加以改进。例如，如果读者普遍反映某个章节不够清晰，或者某个论点未能深入探讨，编辑就可以将这些反馈纳入今后的作品改进中，为下一本图书提供更有针对性的修改意见。

通过与读者的互动，编辑能够更好地理解图书的市场定位是否准确，是否符合读者的需求。持续的互动可以让编辑与忠实读者群体建立深厚的情感联系，形成一定的品牌效应。忠实的读者不仅会购买新书，还会成为图书的传播者，帮助编辑提高作品的知名度和市场份额。编辑与读者的良性互动，是推动图书出版行业发展的重要动力。

案例

与历史纪实小说《龙冈四规》作者王华交往始末

出版一本书的过程充满了思想的交锋、灵感的迸发和无数细节的精雕细琢。作为《龙冈四规》一书的责任编辑，我与作者王华老师的合作是一场深度的文化交流，在不断地探讨与打磨中，我们共同梳理脉络、调整细节，力求呈现出一部兼具教育价值与文化厚度的佳作。

王华，女，一级文学创作，贵州省作家协会副主席。著有长篇小说《桥溪庄》《傩赐》《家园》《花河》《花村》等多部，发表小说数百万字。两次获得全国少数民族文学创作骏马奖，有作品被改编成电影，部分作品翻译到海外。

一、编辑与作者的合作关系

图书编辑与作者的关系是一个相互依存、互相成就的合作关系。在二者共同努力下，才能创造出一部具有生命力和影响力的作品。虽然编辑和作者在创作过程中扮演着不同的角色，但他们的目标始终是相同的：为读者提供高质量的精神食粮，通过文字传递思想、表达情感。

作者通过丰富的知识储备、独特的视角以及深入的思考，构建了作品的框架和内容。编辑则是在作者与读者之间架起一座桥梁。编辑通过细致的审稿、结构的调整、语言的润色等工作，使得作者的作品能够与更广泛的读者产生共鸣。编辑的建议常常能帮助作者看到自己可能忽视的地方，如情节的漏洞、观点的模糊或者表达的不足，这些改进让作品更加完美。好的编辑懂得如何尊重作者的原创思想，能在不改变其核心理念的前提下，提出修改建议。在这种尊重中，编辑与作者相互磨合、相互学习，不断推动作品向更高的层次发展。

作者的创作热情与灵感激发了编辑的责任感与创造性劳动。在与作者的互动中，编辑不仅帮助完善作品，同时也在汲取作者的思想与智慧，提升自身的审美与学术水平。编辑与作者相互成就，共同推动作品的进步，也在合作过程中实现自我价值的提升。

总的来说，编辑与作者的合作是一个相辅相成、相互促进的过程。编辑为作者提供专业的帮助，使作品更加完美；而作者的创作激情与思考又赋予编辑更大的责任和动力。二者的共同努力，最终为读者呈现高质量的作品。

二、寻求合作，忐忑不安的小编辑

在编辑出版《立志与成才》《修养与成才》两本校本教材期间，由于稿件中涉及大量原文的核对，我购买了《王阳明全集》。本只是因为工作需要，没想到，在阅读过程中，我被王阳明的思想深深吸引和打动。在读原文的基础上，我对阳明心学以及王阳明的《教条示龙场诸生》有了一些新的看法，希望能出一本历史纪实小说讲述王阳明与贵州的故事、王阳明讲学以及教书育人的故事，但一直没有找到合适的作者。

在小说选题构思阶段，正值王华老师的作品《海雀，海雀》荣获第十二届全国少数民族文学创作骏马奖。贵州人民出版社原社长曹维琼与王华老师前往赫章县参加座谈会途中，畅谈文学创作与选题规划。交流中，曹维琼提出创作一部关于王阳明的历史纪实小说的构想，并向王华老师发出约稿邀请。王华老师对此选题表现出浓厚兴趣，但并未当即做出决定，而是希望进一步思考和探究这一题材的创作可能性。

开会回来后，曹社长将这个消息告诉了我，并让我准备一下，准备另找时间去王华老师家里拜访一下，陈述选题的具体细节和可操作性。

我们做每一件事情，总存在一个“为什么做”的问题。关于“阳明学”研究的著作已经很多，也不乏经典，那么，我们为什么要写一本关于他的历史小说，又为什么要谈论他的“龙冈四规”，意义何在?

我与曹社长讨论之后，形成了如下的意见：

“龙冈四规”，即《教条示龙场诸生》，也就是王阳明在龙冈书院讲学时，对学生提出的“立志、勤学、改过、责善”四条学规。有史以来，学界也只把它当成了学生守则，忽略了它更深的价值和意义。事实上，当我们读到“王阳明”和“龙冈”这样的关键词的时候，第一时间想到的，便是“龙场悟道”，悟出的是什么?全天下似乎只有一个答案:心即理、知行合一、致良知。这几个关键词勾勒出阳明心学的流变，但学界不能囿于这一流变的研究，而应加强对心学体系架构的整体性、综合性认识和把握。仔细琢磨时会发现，对龙场悟道、阳明三观、阳明心学体系等基本概念或者语焉不详，或者定义不确，使刚接触到阳明文化的初学者摸不着头脑，不得要领。很大程度上，都是因为《教条示龙场诸生》一文，遭到了忽略。如果说，朱熹的《白鹿洞书院揭示》是希望通过教育建立起一种人文的良好秩序和生态，是告诉我们要做什么样的人，那么《教条示龙场诸生》不仅告诉我们要做什么样的人，还告诉了我们怎样才能做到。

立志。志不立，天下无可成之事。

勤学。不以聪慧警捷为高，而以勤确谦抑为上。

改过。不贵于无过，而贵于能改过。

责善。忠告而善道之，攻我之失者皆我师。

立什么志？圣贤志。抱什么样的态度?勤学、改过、责善。

与其说，龙冈四规是书院学规，是治学方略，不如说，它是一种人生态度。

这就要谈到它与龙场悟道的关系了。我们说，王阳明龙场悟道，悟到的是“心即理”“圣人之道，吾性自足，向之求理于事物者误。”多年来，学界一直停留于心学本体的研究，我们也只停留在“心即理”跟前感叹，并似有所悟。可当我们放下这些著述，那种顿悟就会随风而去，或遁隐回书本，或逃逸进虚渺，这就意味着我们永远只停留于研究，却无法践行。就像我们站在一座恢宏的建筑前指手画脚、夸夸其谈，自己却没法去建一座同样恢宏的建筑一样。那么龙冈四规就像建筑设计图，你照着它给予的路径和方法，就可到达“心即理”的境界。但它又不仅是一张建筑设计图。当我们抛开“心即理”，龙冈四规依然是一个可以独立于人类的人文贡献。不论你生在哪个朝代、哪个国度，也不论你是一个什么样的人，你甚至不需要理解“心即理”，但你只要照着这四规去做人，哪怕你做得不够好，你也能完成你的人格升华。倘若人人照此践行，又何愁社会无太平、无盛世？

在王华老师家，她一直笑意盈盈地看着我们，听我们热情满满地陈述选题思路。王华老师写过一系列小说，也写过报告文学。历史类纪实小说是她从未涉足过的领域，我们鼓励她尝试将创作延伸至未涉足的领域。虽然她手头仍有写作的工作没有做完，但还是表示对我们这个选题很感兴趣，愿意达成合作。并和我们约好时间，一起去修文采风。

（三）作者的助手：修文采风

生动的写作需要依赖事实的精确与情感的真实。王阳明在“玩易窝”悟道。站在这片山谷中，我们一同感受着山水间的寂静与深邃。通过实地采风、亲临其境，作家能够受到不同感官受到刺激和触动，从而激发出更多的创作灵感。通过与当地环境的直接接触，作家真实感受当时的自然环境，可以发现那些书本上没有的细节与历史的空白，进而填补故事中的空白，深化人物的性格刻画，丰富作品的情感层次，从而避免在写作中陷入纯粹理论或虚构的空泛。作家可以通过观察这些历史遗址，给予读者更强的代入感。

明正德元年（1506 年），王阳明因敢言触怒宦官被廷杖四十，入狱月余，后被谪为龙场（今修文县）驿丞。当时的贵州宣慰使安贵荣（彝族）担心水西驿传将来为朝廷腹心，然后改土官为流官，对自己的政权不利，准备减去龙场九驿，所以对驿站不予维持经费和不予维修管理，任其破败，驿站实是名存实亡。王阳明初到龙场时，因无处居住，便住到离驿站不远的一个天然小溶洞——东洞里，世人称“阳明洞”。洞口有参天古柏两棵，相传是王阳明亲手所植。东洞的不远处，另有一处天然洞穴，这个溶洞下面有一个石罅，很像一个天然墓穴，王阳明称之为石墎，继后在洞内住宿生活，研究《易经》，取名为“玩易窝”，并写了一篇《玩易窝记》。记中有“阳明子之居夷也，穴山麓之窝而读易其间”的描述。

龙冈山上除有阳明洞外，还有王阳明所建龙冈书院、何陋轩、君子亭、宾阳堂和后来为纪念他而建的王文成公祠等建筑，还有后人瞻仰阳明洞书刻的许多摩崖碑刻。

王阳明在龙场居住近3年时间，他大悟“格物致知”之旨，创立“知行合一”学说，形成以“致良知”为核心的阳明心学，形成了“致良知”的思想雏形，还创办了“龙冈书院”。龙冈书院在龙冈山顶，王阳明召集学生讲学。在这里传习了第一批王学弟子，在他的《镇远旅邸书札》中提到陈宗鲁、汤伯元等人就是他亲自传授的第一批弟子。后来，王阳明又应贵州学政席书的邀请，到贵阳文明书院讲学，首次讲解“知行合一”学说。王阳明学说的传播很大程度上是通过书院，龙冈书院—江西濂溪书院—浙江稽山书院，构成了王阳明学说的传播路线。他的教育思想，也发端于龙场，《龙场诸生问答》和《教条示龙场诸生》两篇奠基之作便是在这里写的。在《教条示龙场诸生》中提出了龙冈四规——“立志、勤学、改过、责善”。

在修文采风的旅程中，我们一同参观了王阳明悟道的“玩易窝”以及王阳明讲学的“龙冈书院”，实地感受了何陋轩（“何陋轩”原建筑早已坍塌，现存建筑为清代所建）、君子亭、宾阳堂和后人为纪念他而建的王文成公祠等建筑。在参观“中国阳明文化园”时，还欣赏到一些珍贵的王阳明的书法作品，阳明洞内的书刻、摩崖碑刻。

参观完“中国阳明文化园”之后，我们还去了王阳明写作《瘗旅文》的地方。王阳明谪居贵州龙场驿期间目睹了吏目一家三口暴死异乡，这使他产生了“同是天涯沦落人”的感慨。所以，王守仁亲自率人把三位死者埋葬在路旁，并写了这篇祭文。祭文言辞悲伤恳切，深情哀婉，反复曲折。

修文实地采风还与当地学者、文化专家的交流与互动。贵州省阳明学会副会长、贵州阳明文化研究院研究员、贵州师范大学文学院客座教授、修文县文联主席李小龙，多年深耕阳明心学的教育实践专家、贵州文化旅游职业学院副院长袁曜，贵州人民出版社原社长曹维琼等许多研究王阳明心学的专家、学者汇聚一堂，共同探讨对王阳明的深入见解。王华老师通过与他们的交流，可以获得更多的第一手资料和观点。

回到编辑部后，我根据前期构思选题查找的资料和采风的成果，为王华提供了撰稿大纲和贵州人民出版社以前出版的一些王阳明的图书作为参考资料。编辑为作者提供撰稿大纲和参考资料，协助完成初稿。这些资料不仅帮助王华老师进一步完善书中的理论框架，也为她提供了更多关于王阳明的具体历史细节和文化背景。

经过几个月的辛勤写作，王华老师终于完成了《龙冈四规》的初稿。这份初稿的完成让我感到十分高兴，但作为编辑，我知道，这只是完成了一半的工作。初稿虽然已经完成，但在细节上还存在一些可以优化的地方。

（四）编辑为作品增值

一个好的作品不仅要具备思想的深度，能够引发读者的思考和共鸣，还要有清晰合理的结构，确保每一部分内容都能紧密联系、层层递进，从而达到思想表达的最佳效果。结构的精心设计能够帮助读者更好地理解作品的核心思想，使得内容层次分明、逻辑严谨。与此同时，流畅的阅读体验同样至关重要。语言简练、句式优美的表达，能让读者在享受思想的深度时，不感到任何阅读上的障碍。流畅的节奏和恰到好处的过渡，让读者在情感和思维上不断得到引导，使整个作品更加吸引人，提升其艺术性和可读性。

因此，编辑团队与王华再次进行了深入的讨论，提出了一些调整建议。一是小说的主题的升华。这本书的初衷是写给中学生、大学生读的。首先因为龙冈四规是书院学规，原则上属于教育这个板块。其次，青少年时期，是否能建立起正确高尚的人生观和价值观，也非常重要。对于一个学生来说，应试，那不过是一个技巧问题，然而做人，却是人生智慧。有了应试技巧，而无人生智慧，你考取了功名，也无法改变你的平庸。有了人生智慧，技巧却是随时可学的。这就是龙冈四规为什么要强调立志的重要，立什么志?立做人的志。立圣人志，便可做圣人;立贤人志，便可做贤人;立君子志，便可做君子。圣贤学问，是救人之道，倘若你在学生时代就能得到四事相规的教益，是大幸;倘若你已踏入社会，或已人到中年方才得到它的好处，那也不晚。明白了该做一个什么样的人，又立下了这个志向，并照着做了，你一生是富贵也好，贫穷也罢，内心都是光明磊落。古人便有心即能照的说法，阳明心学便是继承并超越了这一说法，心是万事万物的能照，如同镜子一般，心若有光，便立光明志。心若一直有光，那便是光明正循环了。

二是小说结构的优化，小说初稿分“悟道、立志、勤学、改过、责善、证道”六章，既是小说叙事的外部框架，又有知识的内在逻辑。对初稿进行结构检查后，编辑提出两点优化建议：其一，没有充分突显“龙场四训”的意义和价值。《教条示龙场诸生》是由龙场悟道引出的教育哲学、人生哲学，是面对水平参差的学生提出的一致要求，小说应该对“四训”的思考、提出、发展、演变有所交代，点明小说主题。其二，悟道的背景没有交代清楚。很多读者是第一次接触王阳明，应在此处说明王阳明被贬的缘由。编辑进一步和作者沟通对话，最终小说调整为“遭贬、悟道、四训、立志、勤学、改过、责善、证道”八章。悟道与证道首尾呼应，用具体内容证明悟出的“道”是人生至理。

王华老师非常认同编辑团队的这些修改意见，并表示感谢。她深知编辑所提出的意见并非对她的作品的否定，而是为了提升图书的质量，使图书最终呈现最好的效果。在接下来的几周里，我们对书稿进行了多次修改，精益求精。经过数月的反复打磨与修订，《龙冈四规》终于定稿，并进入了出版流程。在这过程中，我与王华保持了密切的沟通，确保每一环节都符合预期。在出版前的最后审定阶段，我再次仔细检查了书稿的每个细节，确保没有遗漏任何错误。

选题也获得了成功，《龙冈四规》获得贵阳市委宣传部的资助出版，并成为2022年贵州省省级重点出版项目。《龙冈四规》正式出版后，王华的创作得到了读者的高度认可。这本书不仅在学术界引发了热烈讨论，也在大众中产生了广泛的影响。回顾与王华老师的这段合作历程，我深刻感受到每一本书的成功背后，都是无数细致入微的工作与多方合作的成果。

第七章
编辑的学习能力

学术图书出版是学术与出版的结合，是展示学术成果、开展学术争鸣、推动学术创新的重要举措。衡量一部作品是否有学术价值和出版价值，是学术出版中的一个关键步骤。学术价值和出版价值虽然有交集，但它们侧重点不同。学术价值主要指作品的学术贡献、创新性和研究深度，而出版价值则更注重市场需求、受众群体、传播潜力等实际因素。

学者型编辑是出版行业中兼具学术研究能力和编辑素养的复合型人才。他们不仅具备深厚的学科知识，还能参与学术研究、推动出版创新，提高学术出版质量。学者型编辑能够基于学术前沿，识别学术热点，策划高质量选题。当学术图书遇到学者型编辑，那是出版社的幸运，是读者的幸运。

一、好编辑应该持续学习

学习能力是其职业发展的核心竞争力。出版行业日新月异，学术发展也在不断深化，只有持续学习，编辑才能保持专业敏感度，提升选题策划能力，把控书稿质量，推动出版创新。编辑需要保持对新知识、新技术、新工具的敏感性，及时跟进行业动态和最新趋势。技术的进步、市场的变化、读者需求的变化，都要求编辑不断学习和提升自己。通过不断学习和实践，提高自己的专业素养，应对不断变化的出版环境。

（一）既“专”又“博”的能力要求

编辑的角色非常多样化，既需要在某些领域具备深入的专业知识，又要有广泛的涉猎。因此，编辑不仅是某一学科的专家，也应当是一个“杂家”。一方面，编辑需要在自己专注的领域积累深厚的专业知识，以便更好地处理专业类图书的编辑工作；另一方面，编辑还需要广泛阅读其他领域的图书与资料，了解跨学科的知识，才能在选择和策划图书选题时拥有更广阔的视野。只有“专”和“博”兼备，编辑才能更全面地理解和诠释作者的意图，提升图书的质量。

编辑学习不仅是保持竞争力的手段，更关乎个人成长。首先，编辑应提升专业素养，增强对学科知识、研究方法、写作规范的理解，提高学术把关能力。其次，编辑应拓展学术视野：关注学界前沿问题，增强对学术趋势的敏感度，为选题策划提供灵感。编辑还应该适应行业变化：掌握新技术、新媒体、新出版模式，提高内容生产与传播能力。

（二）系统性学习

专注某一领域，意味着编辑要深入了解该领域的理论、背景、发展趋势以及主要的学术贡献。专注的好处在于，能够使编辑在面对专业性强的图书时，迅速理解并判断作品的质量，提出专业的建议和修改意见。

系统学习是编辑建立扎实知识体系的重要方式。编辑可以通过深度阅读达到理论积累的目的，阅读专业图书可以帮助编辑提高自己的“眼界”，梳理学术发展的脉络。编辑应定期研读所负责学科的经典著作，充分理解后内化为自己的知识体系，如文学类的编辑应对古代文学、现当代文学的发展脉络有一个清晰的谱系，知道文学发展经历了哪些阶段，有哪些流派，代表作家有哪些，写作风格呈现什么样的特点，等等。关注核心期刊，了解国际国内知名的专家、学者的研究重点，了解学术界最新的研究成果。系统性地梳理这些知识有助于文学类编辑从大局着眼，对提升稿件的欣赏能力和鉴别水平都很有帮助。

（三）碎片化学习

虽然编辑在某一领域需要有专业的积累，但作为一个出版行业的从业者，编辑还必须有广泛的知识储备。跨学科的知识不仅能让编辑在处理各种不同类型的图书时游刃有余，还能在策划选题、与作者沟通、构建图书框架时提供全新的视角。

做过编辑工作的人都清楚，编辑的工作任务很繁重，但编辑工作又很琐碎。编辑每天需要面对联系作者、成本核算、申报选题、选题论证、编辑校对、对接排版设计人员、接洽印刷厂等琐碎的事情，甚至很多时候责任编辑还需要负责在直播平台介绍、宣传自己所负责的图书。编辑很多时候的工作状态都是“上班填表，下班看稿”。当前，高质量出版的大趋势下，对编校质量的要求也越来越严格。编辑好像根本抽不出自己的时间去学习。这就要求编辑需要高效利用碎片化时间学习，追踪行业动态，获取行业资讯。如利用音视频资源，观看在线平台的公开课，吸收多学科知识。关注出版行业的微信公众号、播客，如《中国编辑》《编辑之友》《科技与出版》《出版广角》等，及时掌握行业趋势，并定期将学习内容总结成文章或笔记，形成知识沉淀。

（四）在编辑实践中学习

最重要的是，编辑要学会在实践学习，在工作中深化对知识理解。学习不仅限于书本，实践是编辑成长最快的途径。编辑要在具体的编辑实践中、在做原创精品中提升自己，丰富自己的编辑学知识。在与作者的交流中，编辑可以深入了解学者、专家的研究背景，掌握更前沿的学术知识。审稿是最直接的学习方式，编辑通过与书稿“过招”，可以了解不同作者的研究方法、写作风格、学术视角。编辑可以关注已出版图书的市场反馈、学界评价，分析其优劣，为未来选题策划提供参考；编辑可以通过输出驱动自己学习，如定期撰写书评，不仅能加深编辑对图书的理解，还能提高编辑的写作能力；在出版社或编辑团队内组织学习分享会，共同提高专业素养。

编辑要在“在为他人作嫁衣的过程中，学会做衣服的本事”，在给别人作嫁衣的过程中也锻炼了自己、成长了自己、学会了自己做衣服的本领，关键是做一个有心人，有心就会事半功倍。

既然选择了编辑这个职业，那就努力把编辑工作做好。保持终身学习的心态，通过系统学习与碎片化学习、在编辑实践中学习，掌握高效的学习方法，编辑可以在学习过程中不断提升自己的专业素养。在学术出版领域站稳脚跟，并在知识经济时代保持竞争力。做一个具备学习能力好编辑，多为读者出好书。

二、质疑精神和批判思维

编辑的质疑精神和批判思维，不仅能够帮助编辑更好地审视和修改作品，还能使我们在编辑过程中更加敏锐地发现问题、提出建设性意见。而这些发问的地方往往能成为选题策划的新来源。

（一）质疑精神

编辑在审读书稿时，需要始终保持“质疑”的态度，而非盲目接受作者的观点。在审稿和编辑过程中，编辑需要培养怀疑精神，勇于质疑。

学术类作品的审稿过程中，编辑首先应理解作者的核心论点、研究方法和结论，而不是仅仅停留在修改语言和格式的层面。这要求编辑能够快速把握文章的结构和内容，分析作者的思路和立场。在审稿的过程中编辑要质疑以下问题：质疑论点的依据，如作者的核心观点是否有足够的学术支持？是否只是个人意见？质疑论据的权威性，如作者引用的数据、文献是否来自权威期刊和专著？是否存在“抄袭”或“以讹传讹”？质疑论证过程的合理性，作者的论证是否完整，是否存在跳跃式推理、循环论证等逻辑错误？这些问题有助于激发批判性思维，帮助编辑更深刻地理解和分析作品。

学术作品的结论往往是基于一定的假设和前提条件得出的结论。批判性思维要求编辑从不同角度审视作者的结论，提出可能的反例、反向思维或者其他合理的解释方式。此外，对作者研究方法的审视也非常关键。编辑应审视作者的研究方法和证据，思考作者使用的研究方法是否恰当、数据是否可靠、结论是否具有普遍性。

（二）批判思维

批判思维指的是基于理性分析、逻辑推理和证据评估，对信息进行客观审视的能力。对于编辑来说，批判思维不仅仅是“挑错”，更是一种深入理解和优化书稿的手段。

批判性思维要求保持客观的态度，避免情感偏见或个人偏好影响判断。在编辑过程中，要保持客观公正始终站在学术的高度，确保每个修改和反馈都以增强文章的学术价值为目标。在提出批评时要尊重作者的学术立场，避免过于主观地修改内容，确保修改建议具有建设性和学术价值。

批判性思维的核心是逻辑性。编辑应通过学习基本的逻辑学原理（如命题逻辑、推理法则等），提高自己辨别合理与不合理论证的能力。编辑应在审稿过程中思考：“作者的观点是否有足够的论据支撑？”“论据是否能有效支撑观点，还是仅仅是具有关联性？”“作者的论证过程是否存在逻辑跳跃？”逻辑学的训练能帮助编辑更好地分析文章中的论证结构，识别其中的逻辑谬误。

学者型编辑需要理解文章中的演绎推理和归纳推理，能够根据作者给出的证据和论点推导出合理的结论或提出反例。培养这种推理能力能大大提高编辑分析学术作品的水平。

（三）解决问题

通过质疑与批判两个环节，编辑可以发现作者文章中的问题，仍需要进一步分析。如一篇文章的论证不严密，编辑需要思考是什么因素导致了这一问题。是理论依据不充分，还是数据支持不充分？分析问题的原因有助于提出更加有效的修改建议。

批判性思维不仅仅是发现问题，更要找出问题的根源，培养编辑解决问题的能力。质疑、批判、分析、解决是一个持续的过程，既需要学术积累，也需要日常的反思与实践。通过不断训练自己的思维方式，深度分析学术作品，主动质疑并提出有价值的建议，才能够成为一名真正的学者型编辑。

通过接触多元的知识，编辑能够更好地理解不同学科的思维方式和研究方法，也能从中汲取新的思维角度。编辑应广泛阅读不同学科的著作、论文和经典理论。不同学术派别和学者的观点常常有差异。在阅读时，分析他们的观点背后的理论依据，思考他们的立场和论证的优缺点。这样，编辑能形成更全面的视角，避免单一观点的局限性。

定期与其他编辑或学者讨论文章或学术问题，可以帮助编辑从不同角度看待问题，激发新的思维方式。通过团队合作，编辑可以获得更多的反馈与视角，形成更全面的判断。参与学术会议、论坛以及学术研讨会，聆听不同学者对某一学术话题的讨论。这不仅能拓宽编辑的学术视野，还能训练编辑在面对复杂学术问题时的分析和评判能力。

编辑不仅要关注细节错误，还要从整体上评估书稿的组织方式是否合理。是否存在主题不清晰、结构松散、论证顺序混乱、章节安排不合理、内容重复等情况。一旦发现问题，学者型编辑应当从多种角度考虑解决方案。你可以思考，“如果用另一种方法来处理这个论点，效果会如何？”或者“是否有其他文献可以进一步支持这个论断？”这种思维方式能够让你提出更加丰富多元、具有建设性的编辑意见。

三、学者型编辑的培养

在学术出版日益专业化的背景下，编辑不仅需要具备传统的编辑技能，还应具备深厚的学术素养和研究能力，才能胜任高质量的学术出版工作。这类编辑被称为“学者型编辑”，他们不仅精通编辑业务，又具备扎实的学术素养和独立研究能力。还需要具备学术思维，能够深入理解学科前沿，评估书稿的学术价值，并与学者进行高水平的学术对话。

出版行业的核心使命是知识传播，而学者型编辑能够更精准地筛选优质内容，引导学术出版的方向，为学术研究提供更好的平台。当前，学术出版市场竞争激烈，出版社要想保持竞争力，必须提升自身的学术水平。学者型编辑的存在，使出版社能够在选题策划时紧跟学术前沿，把握学术热点，推动学术创新。此外，学者型编辑的专业素养也有助于提高出版物的质量，确保内容的准确性、权威性和前瞻性，从而增强出版社的学术声誉。此外，学者型编辑还能够发挥桥梁作用，促进学界与出版界的交流，为作者提供更专业的出版服务，优化书稿质量，最终推动学术成果的广泛传播。

学者型编辑要求编辑有学术思维，编辑的学术思维是一种运用学术研究方法分析和解决编辑出版领域相关问题的思维模式。编辑的学术思维既建立在感知之上，又突破感知的局限，从理论层面深入探究和揭示编辑出版工作的内在规律和本质联系。它主要关注书稿内部的逻辑结构以及外延的选题拓展。在具体实践中，学术思维体现在审稿时对书稿内涵的深入挖掘和提升，在选题策划中展现为对图书内容的创新构思，而在学科研究方面，则体现为对编辑工作的系统性探索和理论总结。

成为学者型编辑需要具备多方面的能力。首先，必须具有扎实的专业背景，对所负责的出版领域有深入研究，能够精准把握学术发展的动态与趋势。其次，要具备批判性思维和学术判断力，能够在海量书稿中甄别优质内容，判断选题的学术价值。第三，学者型编辑要有较强的研究能力，能够主动进行学术探索，与学界保持紧密联系，与学者建立良好的合作关系，甚至参与学术研究，以提高自身的学术水平。此外，良好的写作能力、敏锐的洞察力和较强的策划能力也是必不可少的。只有具备这些能力，学者型编辑才能更好地把握出版方向，推动高质量学术出版物的诞生。

对于个人而言，成为学者型编辑不仅意味着职业发展的提升，也意味着更深层次的学术参与。首先，学者型编辑能够主导选题策划，精准判断学术趋势，发掘具有创新性和研究价值的选题，从而提升出版社的核心竞争力。其次，在审稿过程中，学者型编辑能够凭借自身的学术素养，对稿件的学术质量做出准确评估，并提出建设性修改意见，提高书稿质量。此外，学者型编辑能够在内容加工过程中保持学术严谨性，避免因缺乏专业判断力而出现知识性错误或学术瑕疵。更重要的是，学者型编辑能够在出版物的推广过程中，结合学术会议、学术社群等资源，提升出版物的影响力，使其更好地服务于学术研究和社会发展。

学者型编辑不仅能够在出版工作中体现自身的专业价值，还能够借助出版平台进行学术积累，成为某一领域的专家。此外，学者型编辑的发展将推动整个出版行业的专业化和学术化，提高出版行业的整体水平。学者型编辑的增加，将有助于推动出版社向知识生产的核心环节迈进，提升出版机构的学术影响力和国际竞争力。长远来看，学者型编辑不仅是出版行业的推动者，也是学术发展的促进者，能够在知识传播与文化建设中发挥更重要的作用。因此，在未来的出版行业中，培养和发展学者型编辑将是一个不可忽视的重要方向。

编辑工作不仅是一项技术性的职业，更是一项需要持续学习和深度思考的专业实践。持续学习能够帮助编辑紧跟学术前沿、拓宽知识视野，提高对书稿内容的理解力和判断力。重视学习能力，不仅能增强编辑的专业素养，还能在选题策划、审稿把关中展现更高的学术水准。编辑在面对书稿时，必须保持质疑精神，以批判性思维审视内容的逻辑性、学术性与可读性，并积极与作者交流，提出建设性意见，帮助作者优化书稿。随着学术素养的不断提升，编辑可以从内容筛选者转变为知识传播的引导者，最终成长为学者型编辑，不仅提升个人专业价值，也推动出版行业的学术进步。

案例

贵州近现代史研究论著——《中国近现代史里的贵州》编辑手记

认识贵州需要了解贵州的历史，建设贵州更需要洞悉自己足下的这片土地。唯其如此，我们才能增强做贵州人的骨气和底气。贵州是中国西南的一块宝地，是一片充满人间传奇的沃土，其历史底蕴仍有待深入发掘。历史给贵州留下太多让人百思不得其解的谜团，它们犹如闪烁在晴朗夜空中的遥远星辰，神秘、难以捉摸，却又令人向往。若干世纪以来，数不清的中外学者不倦地对贵州进行考察，追寻蛛丝马迹，翻阅历史文献，力图为神奇贵州的诸多悬念找到令人信服的答案。

自鸦片战争爆发以来，灾难深重的中华民族从觉醒、斗争中找到前进道路，在中国共产党领导下，走向独立富强，更加灿烂的前景正在中国人民面前展现。这个百年奋斗之路，胜利之路，既累积了丰富的历史经验，又有经历挫折的深刻教训，值得后人思索，《中国近现代史里的贵州》便是一位史学家沉思探索的记录。

一、打造学术出版矩阵

在出版市场竞争激烈的环境下，品牌效益对出版社而言是一种无形的资产，能够提升出版社的影响力和公信力，使后续相关选题更容易获得市场认可。一本高质量的学术图书不仅能够增强出版社在历史文化类出版领域的竞争力，还能为后续的系列出版奠定基础，形成持续的市场效益。近年来，贵州人民出版社持续在学术领域深耕发力，打造学术出版矩阵，形成品牌效应。学术出版影响力较大的有《中国历代名著全译丛书》《“现代社会与人”名著译丛》《贵州学者文丛》等。

贵州人民出版社推出的《中国历代名著全译丛书》（50种），为国家“八五”重点图书出版规划项目。1980年，贵州人民出版社出版了《诗经全译》，该书的出版在国内引起了广泛重视，受到读者的广泛欢迎。《诗经全译》是中华人民共和国成立以来出版的第一个《诗经》全译本，不仅注释兼及百家，且译诗具有民歌风味，通畅信达，是独具特色的文学作品。国务院古籍整理规划领导小组编辑的《古籍整理出版情况简报》第96期发表了文章，充分肯定了《诗经全译》。后又增出50种图书作为《中国历代名著全译丛书》第二批，被列入国家“九五”重点图书出版规划。

《“现代社会与人”名著译丛》是现当代西方著名学者对人的微观研究之集萃，所选著作均出自名家权威之手，语言畅达，叙述生动，篇幅适中，能引起读者广泛的兴趣。内容广泛涉及人与社会的各个方面，从生死、爱恨到婚姻、家庭，从个体自由、价值选择到社会文化，从意识、无意识到精神冲突等。力图揭示现代人在现代社会中的精神状态、地位和关系，以及未来的演变。《“现代社会与人”名著译丛》自1987年在中国大陆首次出版以来，迄今已出版五十余种，发行总数超百万册，深受广大读者的喜爱和学界的好评，其中有多种以中文繁体字版形式在中国大陆以外地区出版发行，在海内外学术界引起较大反响。

《贵州学者文丛》汇集了贵州籍、非贵州籍但在贵州生活过或对贵州有研究的学者的研究成果。第一辑收录有乐黛云、钱理群、陈祖武、刘扬烈、涂纪亮、曹顺庆、刘纲纪、吴雁南、刘扬忠9位学者的作品，于2018年6月出版，赢得各界好评，并获得第二十九届北方十五省、市、自治区哲学社会科学优秀图书奖等荣誉。《贵州学者文丛》第二辑共收录有张新民、史继忠、王燕玉、朱正琳、徐新建、王锳、王启龙、熊宗仁、彭兆荣、何光渝10位学者的作品。通过学者们的思考和笔触，发掘贵山贵水背后深厚而丰富的人文底蕴，展现当代贵州学术繁荣发展的气象，昭示“新时代贵州精神”“贵州智慧”，助力树立文化自信与发展文化建设事业。

新中国成立70年来，贵州学术繁荣发展，人才辈出，在省内外甚至海外成长起来一批来自贵州，具有学术影响力的专家、学者，积累了丰硕的学术成果。为继承先辈事业，丰富贵州人民出版社的学术出版矩阵，近年来，学术出版围绕贵州本土权威作家发力。力争挖掘好书，多出精品力作。

二、选题策划：挖掘原创精品

衡量一部作品是否具备学术价值和出版价值，既要看它的学术贡献、原创性、严谨性，也要考察其市场需求、受众群体、出版成本等因素。编辑应综合考虑这些条件，才能做出合理的出版决策。

做出合理的出版决策，编辑需要具有学术眼光。学术图书的编辑在寻找和发掘具有原创性的学术著作时，需要具备敏锐的学术眼光、系统的学术思维以及广泛的学术视野。原创性是学术著作的核心价值之一。

冯祖贻先生是位“颇具大家气象”（章开沅先生语）的史学家，他原学中国古代史，后转攻中国近、现代史，地方史，有多种学术专著问世。冯祖贻，1942年出生于江苏江阴，1959—1964年在北京师范大学历史系本科学习，毕业后继续攻读该系研究生，师从白寿彝、何兹全先生。专业方向原为中国古代史，后转攻中国近现代史、地方史。1978年进入贵州省社会科学院，曾任贵州省社科院副院长、历史研究所所长、中国历史学会理事、中国行政管理学会理事等职。 2012年被聘为贵州省文史研究馆馆员。主要著述有《邹容陈天华评传》《百年家族·张爱玲》《家训之祖——颜氏家训》《魏晋玄学及一代儒士的价值取向》及论文集《百年沉思》等，主编有《辛亥革命史》《清末社会思潮》《中国近代社会思潮（1840-1949）》《西南军阀史》《贵州辛亥革命》（合著）《护国运动史》《贵州军阀史》等，曾主持国家社科基金“七五”“八五”“九五”社科重点项目及贵州省社科项目多个，是国务院政府特殊津贴、首批省管专家获得者。发表论文200余篇，曾获国家教委优秀高校教材一等奖，湖北省社科一等奖，贵州省社科二、三等奖，华东哲学社会科学优秀读物一等奖，贵州省“五个一工程”奖。

2018年在陈新林先生提议下，冯先生的论文集曾在香港开源书局出过繁体字本，《百年思潮》是他数十年研究中国近现代史撰写论文的集萃。贵州作为冯先生工作生活了50余年的第二故乡，在贵州人民出版社再出简体字版本著作，需要重新规划内容。

编辑建议作者重新精选文章，充实贵州研究的内容。力图将近、现代时期发生在贵州的史事，贵州在这一时段对历史产生较大影响的人物，以及贵州独特的文化现象等置于中国历史的大背景下，勾勒出中国近现代史里的贵州的形象，以史实揭开谜团，向世人展现多彩的贵州文化。

重新编排内容，将作者多年从事贵州近现代史研究过程中陆续写就的文章纳入选题范围。这些文章有的已形成专著；有些专题文章则是为全国、省内组织的专门研讨会而写，并收入相应论文集。文章虽谈的是贵州某问题，但却有全国、全局性研究成果或论点作支撑，具有较恢宏的学术视野，针对性强。

将贵州近现代史中有代表性人物纳入选题范围。文章中有正面人物，有反面人物，亦有一生中某阶段做过有利于人民、有利于社会发展好事，某些阶段因种种原因做了违背历史规律的事的人。按唯物史观对他们进行分析、对比，帮助读者理清如何看待复杂时代背景下的历史人物。

将贵州文化研究的内容纳入选题内容，着力挖掘贵州历史文化最核心的部分，并将其与当代社会发展紧密联系，对增强贵州的文化自信、历史自信具有重要的现实意义，可为贵州在新时代西部大开发上闯新路提供精神动力与文化支撑。随着贵州文旅事业蓬勃高涨，如何利用贵州丰富的文化遗产资源，也日益引起人们关注，对当下贵州各地文旅产业的战略策划也有一定参考价值。近年来贵州的民族文化、屯堡文化、阳明文化、“端棻后学”与端棻文化都成为贵州学界的热点，对今天贵州经济发展和文化繁荣均产生重要影响。

将书评、书序纳入选题内容。首先是因为作者为之写书评、书序的著作是贵州省哲学社会科学成果的集中展示；二是原著虽形式多样，题材丰富，但内容却多为研究贵州文化、历史的，读者透过本书，可以了解更多同类著作，起开阔阅读眼界作用。作者写的书序、书评，因眼光独到，见解深刻而富有特色，读者亦能通过读一书而知多书，起广闻益智作用。

本书的目标读者为：学术研究者与历史学者，对中国近现代史、贵州历史、民族问题等有深入研究兴趣的学者；贵州地方文化研究者，关注贵州地方文化、社会发展与民族关系的研究者；普通读者与历史爱好者：对于中国近现代史感兴趣的读者，以及希望了解贵州历史与文化的普通读者。

三、规划结构，重新布局

作者围绕其对贵州近现代历史、贵州文化的研究重新精心挑选了文章。初步将书分为“多彩文化熠熠生辉”“近现代史的不灭火花”“先行者、时代名人留下的深刻印记”“当代著述中展现的贵州”四个部分，内容涉及贵州的史事研究、人物研究、文化及思潮探索，以及与贵州相关的图书的书评，既有关于贵州民族民间文化、红色文化等的综述，亦有关于阳明文化、端菜文化等的专论。

编辑看过初稿之后，充分肯定了作品的学术价值。但四个部分的比重严重不均衡，缺少一条逻辑线将四个部分的内容串联起来。这就需要编辑重新规划结构，如何将散乱的知识点串成一条逻辑线呢？编辑反复阅读初稿，发现作者在书序中的一段话："与全国一样， 1840 年鸦片战争后，外国资本——帝国主义同中国封建势力勾结，给中国人民带来深重灾难。中国人民为争取民族独立、人民解放和国家富强、人民幸福两大历史任务，英勇奋斗，历经太平天国运动、义和团运动和戊戌变法、辛亥革命，贵州同样经历了这一过程。"

序言中的这段话给了编辑灵感，中国近现代史的过程贵州也同样经历过，近代化过程中的屈辱、觉醒、抗争、探索正好组成一条有逻辑的线索，以时间为序，将现有书稿分为两册，初步拟定书名为《千年变局中的贵州》《时代潮头上的贵州》两部分。《千年变局中的贵州》按照历史分期把历史事件一一排列，分为"觉醒篇""抗争篇""探索篇"；《时代潮头上的贵州》中的文化研究严格来说突破了近代百年时限，将之按类别分为"人物篇""文化篇""形象篇"。将全书按逻辑顺序重新编排，整理成一套论证丰富、逻辑清晰的历史类普及读物，而不是一本集中所有论文的论文集。将原来的论文标题"改头换面"，切换为普及读物的文学语言，使全书更富条理性和文学性。

历史普及读物相对于历史学术论文集来说，能赢得更多的读者，更好地为读者服务，为社会主义文化事业做贡献。在选题策划中，编辑要全面而准确地理解学术著作与普及读物之间的关系。普及工作是学术发展的重要支撑，只有让学术成果走向大众，拓展更广泛的读者群，才能为学术研究提供坚实的社会基础，推动其深入发展。同时，学术研究的持续推进又能为普及读物提供更高质量的内容支撑，使普及工作在深度与广度上不断提升，逐步迈向更高层次。学术研究与普及读物应当形成良性互动，相互促进，共同推动知识的传播与创新。

普及读物需要在语言风格上“去学术化”，摒弃艰涩、枯燥的学术理论风格，通过通俗易懂、深入浅出的文字书写贵州历史文化。书评、书序和收录的讲稿本身就通俗易懂、形式活泼，容易被读者接受。史学论文也是综述与专论结合，为读者全面认识贵州开启了多方位的视角，有助于贵州近现代史研究的深化和拓展。

在形式上，普及读物应该贴近大众的口味，为大众所接受。这就需要编辑为内容找到最合适的呈现形式。书的开本、纸张、封面都要仔细斟酌，既要方便读者阅读和携带，又要具有审美意识，把书做好看，树立精品意识。经过编辑前期的策划，通过对主题、内容、结构、形式的全盘考虑，《中国近现代史里的贵州》获批2025年贵州省重点出版项目并获得资金支持。

《中国近现代史里的贵州》是一次对贵州在中国近现代史中地位的重新审视，通过对这一地区历史的深入挖掘，不仅能够呈现贵州在中国历史中的独特性，还能为学术界提供全新的研究视角。希望通过本书的撰写与出版，能够进一步推动贵州及西南地区的历史研究，贡献于中国历史学科的多元化与发展。贵州在中国近现代史中的发展轨迹，可以为我们提供关于民族关系、政治变革、社会管理和现代化进程的历史经验与教训。这对于今天中国西部地区的经济社会发展具有重要的借鉴意义。

四、准确定位、推向市场

一本优秀的图书不仅应该具备高质量的内容，还应当实现社会效益与经济效益的“双效”统一，为出版社赢得声誉，并促进其他出版物的影响力，形成品牌效应。《中国近现代史里的贵州》正是一部具有“双效”价值的作品，它不仅推动了贵州近现代史学术研究的深入，还能够激发社会大众对地方历史文化的关注，提高公众的历史认知水平。

历史是最好的教师，《中国近现代史里的贵州》是一部难得的关于贵州近现代历史研究的权威论著，是一部浸润地方历史文化研究多年的学者的诚意之作。在已出版的贵州历史文化图书中，关于贵州近现代史研究的论著不多。作者有较深厚的史学功底，在运用历史唯物主义和辩证唯物主义分析问题时，既全面准确把握，也没有忽视细节的推敲；百年来涌现的志士仁人的事迹更浓墨重彩加以介绍，在方法论上除熟练掌握传统方法外，广泛吸收了社会史（含家族史）、经济史（含统计学）、中西文化对比等新型方法，使文本逻辑严密，说理性强，引人入胜。在中国近现代史研究方面，冯祖贻先生在全国有着极高的学术地位和极大的影响力。其长期致力于研究、传播贵州历史文化，成果丰硕。

同时，《中国近现代史里的贵州》是一部兼具学术性与通俗性、兼顾地域性与全局性的贵州历史文化图书。该书作者为读者提供了一个全面了解贵州近现代历史的视角，提出了许多独特的观点和理论，具有较高的学术价值和参考价值，对推动贵州近现代史研究具有重要意义。该书摒弃艰涩、枯燥的学术理论风格，通过通俗易懂、深入浅出的文字书写贵州历史文化，将贵州的历史文化置于中国历史的大背景、中华文明的发展历程中进行梳理、展现，揭示贵州历史文化在中国历史、中华文明发展进程中的地位、影响，是一部兼具学术性与通俗性、兼顾地域性与全局性的贵州历史文化图书，有助于促进贵州历史文化的广泛传播。

中国史学自古以来就强调“经世”，探求历史的真实，为现实社会提供借鉴和启示，这是史学工作者不可推卸的社会责任。《中国近现代史里的贵州》不仅是对历史的回顾，更是一部具有现实意义的作品，它能够帮助读者理解贵州在近现代历史中的角色，思考地方发展与国家历史进程之间的关系。历史告诉我们，人民是历史的创造者，近代百年来中华民族经历了苦难与屈辱，但始终未曾放弃抗争，最终赢得了民族的独立和解放。贵州的历史亦是如此，这本书的出版，不仅有助于学界和社会更加深入地了解贵州的历史，更能为今天的社会发展提供启示，让历史经验成为现实发展的借鉴，助力国家和地方的文化自信建设。

第八章
地方文献的开发、编辑与出版

地方文献作为地域文化的基因载体，承载着一个地区独特的历史记忆、文化传统与精神风貌。发掘整理地方文献，不仅有助于我们梳理贵州的历史脉络，更能为当代社会发展提供宝贵的历史借鉴与文化滋养。编辑既要以文献学专业能力对地方文献进行发掘、考据与系统整理，确保内容的准确性与权威性，又需通过创意策划，将原始文献转化为兼具学术价值和传播力的出版物，将这些珍贵文化资源保存下来，为后人研究地方历史提供一手资料，助力文化传承。同时，它还能增强地方文化认同感与凝聚力，推动文化产业发展。

一、发掘整理地方性文献的重要性

地方性文献是指以某一特定地区为核心，记录该地区的历史、文化、社会、经济、民族、地理等方面信息的文献资料。地方性文献往往具有鲜明的地域特色和文化特征，具备地域性、原始性、独特性、研究价值高等特点。

地方性文献的发掘和出版，不仅是地方出版社的一项专业工作，更是一种文化责任。它不仅关乎文化遗产的保护，也影响着学术研究的深化、地方文化品牌的塑造、文化产业的发展以及公共文化服务的优化。

（一）文化传承：地方历史与文化的见证

重视地方性文献的发掘和编辑出版工作有利于传承与保护地方文化，构建地方文化认同。通过整理、编辑和出版地方文献，出版社能够有效保存濒临失传的文化遗产，让本地区的人们增强对自身文化的认同感，同时也让外界更深入地了解该地区的独特文化魅力。

地方性文献是一个地区历史文化的重要载体，承载着地方的历史记忆、风俗传统、社会发展轨迹以及人民的智慧。地方性文献既有官方文献也有民间文献，官方文献包括地方志、县志、乡镇志、碑铭、政府档案等。民间文献包括家谱、宗族文书、契约文书、书信、口述史料等。此外，还有学术与文化文献，包括地方学者、历史人物的著作、地方戏曲剧本、民间文学作品等。这些文献见证了地方历史的发展脉络，承载了丰富的地域文化基因。

地方志全面记录了地方历史、地理、风俗、人物等，是研究地方社会经济发展的基础资料。家谱是家族历史的记录，不仅体现家族的繁衍变迁，还反映社会组织结构、迁徙史、文化交流等信息。契约文书包含田产交易、租赁契约、婚约等，揭示地方经济形态、法律实践以及民间习俗。如清水江文书中的田契、买卖契约等。碑刻与手抄本记录地方名人事迹、乡规民约、宗族祭祀等，既是文化遗产，也是地方史研究的重要材料。

这些地方文献承载着地方文化的根脉，是文化认同的重要载体。通过系统地整理和出版，不仅能够保存珍贵的历史资料，还能推动地方文化的复兴，使其成为现代文化建设的重要支撑。

（二）学术研究：多学科交叉的重要基础

重视地方性文献的发掘和编辑出版工作有利于填补学术研究的空白，促进地方学术建设。地方性文献往往包含丰富的地方史、民族史、社会经济发展、民间信仰等重要资料，是学术研究的重要基础。

地方志、族谱、碑刻等为研究区域社会变迁、政治经济结构提供基础，例如，《清水江文书》揭示了明清时期贵州水陆贸易的发展轨迹，成为研究西南经济史的重要资料；契约文书、村规民约、口述历史等文献，展现地方社会治理、家族结构、习惯法等内容，为社会变迁研究提供依据，成为社会学与人类学研究的重要资料；地方文献中保留了大量方言、土语、古汉语词汇，是研究地方语言演变和民族语言交流的珍贵材料，如《贵州方志》中的地名演变可以反映不同历史时期语言的演化；少数民族文献、民间故事、神话传说等展现民族文化特色，如《苗族古歌》对民族信仰、礼仪制度的记录，成为民族学与民俗学研究的资料。

地方出版社通过系统整理和出版这些文献，不仅为历史学、民俗学、人类学、社会学等领域的研究提供珍贵的第一手材料，还能推动学科交叉融合，深化对地方历史与文化的理解。

（三）区域认同与文化自信：地方文化的现代价值

重视地方性文献的发掘和编辑出版工作有利于当地居民了解本土文化，增强文化归属感，也有利于推动地方文化产业发展，打造地方出版品牌。地方出版社的核心竞争力之一在于其对本地文化资源的深入挖掘与传播能力。通过整理出版地方性文献，出版社能够形成自身的特色出版品牌，在市场竞争中占据独特的位置。

地方性文献的整理与出版不仅是学术研究的需要，更是增强地方文化认同、提升区域文化自信的重要手段，如《贵州文库》的出版使贵州人民更加深入了解本省历史，提升地方文化自豪感；地方文献的整理可以促进文化旅游与文创产业发展，与地方文旅结合，开发文化 IP，形成文创产品，如王阳明系列文献的整理出版推动了阳明文化的传播，使之成为地方文化品牌；地方性文献的研究不仅有助于地方文化的传承，也能够丰富中华文化体系的内容。如贵州少数民族文献的整理，有助于完善中国多民族文化的整体认知。

随着地方文献的不断整理与出版，其在文化自信、学术研究、社会发展中的作用将愈发突出。通过整理和出版地方性文献，可以让地方文化在现代社会焕发新生，不仅为学术研究提供丰富资源，也推动文化自信建设，使其成为国家文化软实力的重要组成部分。因此，地方出版社应充分认识到这一工作的价值，投入更多的资源和精力，使地方文献焕发新的生命力。

二、如何发掘与整理地方性文献

地方性文献的发掘与整理工作是一个复杂且系统的过程，它不仅涉及对文献的搜寻和收集，还涉及对不同文献的识别、鉴定、分类和整理等多个方面，以保证文献的历史价值和学术价值。需要多方的协调和配合才能高效率完成工作，编辑要充分发挥主观能动性，积极整合各项资源。在这个过程中，既要注重文献的真实性和学术性，也要尊重地方的文化特色和历史背景，以实现地方性文献的最大价值。

（一）田野调查与文献收集

田野调查是发掘地方性文献的核心手段之一。地方性文献的独特性和多样性使得它们往往分布在地方政府、民间家庭、宗族团体、寺庙、私人收藏等多个地方，这些文献有时并未公开，甚至没有被学术界关注。田野调查的目的是通过实地走访、收集和整理这些文献资源，挖掘被忽视的历史遗产。

地方档案馆是地方性文献的重要保存场所，特别是一些政府主办的档案馆，保存着大量的官方文件、地方志、地方政府行政记录等。在档案馆中，可以查阅到地方政府和历史机构的正式文书、政策文件、统计数据等，尤其是一些未被数字化或未公开的档案资料，这些往往能为学者提供新的研究视角。

民间收藏家和地方家庭也是地方性文献的重要来源。家谱、族谱、契约文书等民间文献通常由当地的家庭或家族保存。这些文献往往能够为地方历史提供细致的背景资料，尤其是在地方经济、社会结构和族群关系方面。此外，一些地方的历史与文化遗产，可能通过口述或书面形式流传下来，成为民间的历史记载。

许多地方的历史和文化资料被保存于宗族会馆、庙会和寺庙等场所。如寺庙中的碑刻和纪文，不仅有宗教内容，还可能涉及历史事件、人物事迹和社会活动。许多宗族在会馆中保存了大量的族谱、历史文献和民间文书，这些资料常常对地方历史研究具有重要价值。走访寺庙和宗族会馆，不仅可以获取实物史料，还可以通过对地方信仰与风俗的调查，了解地方历史的脉络。

除了纸质文献，开展口述历史研究也是发掘地方性文献的重要方式。通过与地方居民、老一辈人、地方文化传承人进行访谈，可以收集到一些无法通过书面文献获得的历史信息。这些口述资料往往包含了地方民俗、传说、习惯等方面的内容，对于理解地方社会的演变具有重要的补充作用。

（二）文献鉴定与整理

地方性文献的鉴定与整理是文献发掘后的重要环节。鉴定与整理工作不仅包括对文献的真实性和可靠性的验证，还涉及如何将文献系统化、分类化，便于后续的使用和研究。

1. 文献真伪辨析

在地方性文献的发掘过程中，尤其是民间文献和私人藏书，往往会面临文献真伪辨析的问题。许多文献可能存在篡改、伪造或误传的情况。因此，必须从多方面进行验证。首先，通过与其他文献的对比来判断其内容的准确性和一致性，语言学家可以分析文献中的语言风格、用词习惯等，从而判断其是否为当时的真实记录；其次，借助专业的历史学、考古学和语言学等工具对文献进行实证分析，历史学家和考古学家可以通过文献中的文字、纸张、墨水的特征来辨别其年代；最后，可以通过专家的意见或通过其他外部证据来确认文献的真伪，考古学家可以通过出土的实物证据进行对比，进一步确认文献的真实性。

2. 版本比对

地方性文献的版本比对是整理过程中的另一个重要环节。许多地方性文献，尤其是地方志、家谱、族谱等，都有多个版本，如何识别这些版本的差异并确定最接近原始版本的文本，是整理地方性文献的一项重要工作。编辑需要细致地对照不同版本的内容，从而发现文本中存在的差异和修改，揭示文献的传播路径和历史演变。

3. 内容分类

地方性文献的内容繁杂，如何进行合理的分类，以便查阅和研究，是文献整理中的关键问题。这一过程不仅涉及文献的主题和内容分类，还要考虑文献的年代、版本、性质等因素。常见的分类方法包括按文献的性质（如官方文书、民间文献、实物史料等）进行分类，或按文献的主题（如地方历史、社会经济、宗教信仰等）进行分类，或按文献的历史时期进行分类。

4. 校勘与纠错

校勘是地方性文献整理中的核心工作之一。对于一些古籍和手稿，必须通过仔细的校对来发现其中的错误、遗漏和修改。点校是对文献内容进行逐字逐句的校对，确保其准确无误。校勘不仅要求研究者具有扎实的文字学功底，还需要具备对文献中错漏和字句的敏感性。纠错的过程是一个反复推敲、确认的过程，通过校勘可以保证文献的内容尽可能接近原始版本，减少人为因素对历史记录的影响。

三、编辑如何做好地方文献的出版

如何将经过精心发掘与整理的地方性文献，通过科学合理的出版和有效传播，转化为大众可以理解与利用的文化产品，是当前学界和文化工作者亟待解决的问题。

编辑在地方文献出版过程中扮演着至关重要的角色，他们不仅要确保文献内容的准确性和学术价值，还要通过合理的编辑、排版和传播手段，使地方文献焕发新的生命力。以下从几个方面详细阐述编辑如何做好地方文献的出版工作：

（一）严谨的文献整理与校勘

地方性文献往往散见于各个档案馆、家族藏书、碑刻、口述资料等不同渠道，内容涉及地方历史、文化、民俗、经济等多个方面。编辑在出版前应进行文献甄别与收集、整合资料、版本比对、注释解读、跨学科合作等工作。

首先要核实文献的来源和真实性。对来自官方档案、地方志、家谱、契约文书等文献，应明确其出处、成书时间和作者背景。其次是对资料进行整合，对于同一事件或同一家族的多个版本，编辑要比较并进行整理，形成一个较为完整的文献体系。此外，还需要进行版本比对，由于地方文献存在手抄、口述、民间传抄等多种传承方式，文本中可能存在笔误、漏记甚至后期篡改的情况。编辑应借助历史学、语言学等专业知识，比对各版本的差异，采用校勘方法恢复原貌。通过比对，找出各版本之间的异同，提炼出最具代表性和权威性的文本。

在进行文献甄别与收集、整合资料、版本比对、注释解读的过程中，编辑应积极与历史学家、考古学家、民俗学家、语言学专家等学术人士合作，共同研讨文献的校正方案和注释内容，确保文献整理工作的专业性和权威性。通过专题研讨会、专家评议等方式，对初步整理的稿件进行多轮评审，充分吸纳不同领域的建议，修正疏漏，形成最终定稿。

（二）选择合适的出版形式

地方性文献的出版形式可以分为传统印刷出版和现代数字化出版两大类，两者各具优势，并可互为补充。在传统纸质图书依然占据重要地位的同时，数字化出版正为地方性文献的传播开辟全新局面。编辑在这一过程中需要根据目标受众和传播需求，选择合适的出版形式和技术手段。

传统的印刷出版方式在地方性文献的传播中占有重要地位。对具有历史价值和学术价值的地方文献，精装出版不仅能体现文献的厚重感和权威性，还能作为永久保存的实体档案。编辑需要与设计师合作，结合地方文化元素进行装帧设计，突出文献的地域特色。实体图书往往给读者以触摸历史的真实感，印刷的纸张、装帧和排版风格能够传达出时代特征和文化内涵。经过专家学者反复校勘与考证的出版物，往往具有较高的学术权威性，能够为后续研究提供可靠的参考依据。经过印刷出版的文献在图书馆、档案馆等机构中长期保存，成为地方文化传承的重要载体。

然而，传统出版也存在局限性。由于印刷成本较高、流通渠道有限以及传播速度较慢，传统图书难以满足现代读者对即时信息和便捷查询的需求。随着信息技术的迅猛发展，地方性文献的数字化出版已成为一种不可逆转的发展趋势。数字化出版主要包括两种形式：电子书出版与数字数据库建设。

利用扫描、识别技术和数据录入，将地方文献转化为电子文本，制作成电子书。这样不仅能降低纸质印刷成本，还能实现全文检索、跨文献比对等功能，便于学者深入研究。

数字化出版技术的应用，不仅突破了地域和时空的限制，更在文献保护、版本校勘以及信息共享等方面展现出巨大优势。但与此同时，数字化也带来了数字格式长期保存、网络安全以及数据备份等新挑战，需要建立完善的数字档案管理制度和技术支持体系。编辑应与信息技术专家共同制定数据备份、加密和防篡改措施，确保数字资源的安全和稳定存储，为后续更新和维护提供保障。

（三）精准的传播推广

编辑不仅是文献内容的整理者，更是文化传播的重要推动者。地方性文献的出版最终目的是要将这些珍贵的历史资料传递给更广泛的受众，从而实现文化传承和社会价值的最大化。

编辑要制定多层次传播策略。通过学术会议、专题研讨会、论文专辑和学术期刊等形式，让地方文献成果在学术界得到充分讨论和认可。邀请知名学者撰写序言、评论或专题文章，增加出版物的学术含量和权威性。针对普通读者，编辑应推出通俗易懂的解读版、图文并茂的普及版，甚至以地方文献为基础编写地方历史故事集，提升文献的可读性和趣味性。

在传播推广过程中，编辑需要跨界合作与整合资源。可以积极争取地方政府、文化局、博物馆、图书馆等单位的支持，联合举办地方文化展览、讲座、研学旅行等活动，让地方文献成果走进校园、走进社区，营造良好的文化氛围。借助电视、网络视频、微信公众号、移动应用等新媒体渠道，将地方文献相关内容制作成纪录片、专题节目、图文专题等形式进行传播，吸引更多年轻群体关注本土历史与文化。

地方性文献的出版与传播是一个系统工程，涉及技术、法律、管理和传播等多个层面。在地方性文献的发掘、整理、出版与传播过程中，编辑的资源整合能力至关重要。地方文献往往散落于档案馆、地方志、民间口述史等多种渠道，需要编辑具备敏锐的洞察力和协调能力，整合历史学者、地方研究专家、文化机构及出版资源，确保文献的真实性、系统性和学术价值。在整理过程中，编辑不仅要梳理文献脉络、校订文字，还需结合现代出版技术进行数字化存档，提高文献的可读性和可传播性。同时，编辑还需统筹营销推广，通过学术研讨、社交媒体、跨界合作等多渠道传播，使地方性文献真正成为区域历史文化传承的重要纽带，为地方文化振兴和社会进步注入持续动力。

案例

《清水江流域稀见文献汇刊》的编辑出版

整理出版清水江流域稀见文献具有重要的学术与文化意义。首先，通过系统整理这些文献，可以填补清水江流域历史文化研究的空白，为地方历史、民俗、宗族文化提供珍贵的实证资料。其次，稀见文献涵盖了多种类型，如官办公文、宗族文书、碑刻等，有助于推动跨学科的研究，丰富地方史、民俗学等领域的学术成果。此外，这些文献的整理与出版为地方文化传承提供了保障，通过数字化平台以及纸质出版的形式，使得清水江流域的独特文化得以更广泛地传播，增强地方文化认同，推动地域文化发展。

一、选题背景

清水江文书是贵州省清水江流域发现的大量明清时期及近代手稿文献，主要由契约、账簿、族谱、公文等文书构成。这些文书主要流传于苗族、侗族、布依族等少数民族地区，涉及土地交易、赋税征收、族群关系、民间借贷、司法诉讼等内容，被称为“活的明清社会百科全书”。清水江文书是继敦煌文书、徽州文书之后的第三大文书系统。

清水江流经贵州东南部，是沅江的主源。该流域聚居着我国多个少数民族，如仡佬族、水族、布依族、土家族和瑶族等，同时也是全国规模最大的苗族和侗族聚居区。清水江文书的整理与出版工作自 20 世纪 50 年代以来取得了显著进展，20世纪50年代，学者在贵州清水江流域开始发现零星的民间契约文书。1964年，系统性地收集到300余份文书，标志着清水江文书的正式面世。自2015年起，贵州省档案馆与贵州人民出版社合作，已出版11种共55册，包括三穗卷、黎平卷、剑河卷、天柱卷和岑巩卷等，入选国家“十三五”重点出版物规划项目，并获得2020年度国家出版基金支持。总体而言，清水江文书的整理与出版工作在过去几十年间取得了丰硕成果，为研究少数民族地区的社会、经济、文化提供了丰富、可靠的第一手资料。

清水江流域作为一块历史文化厚重的区域，长期以来其文献资料主要以契约文书为主，而非契约文书（包括官办公文、私人信札、宗族祭祀记录、碑刻文书、礼仪仪式文书等）则长期处于相对“隐蔽”的状态。这些非契约文书记录了地方政治、经济、文化、民俗及宗族生活等多重维度，具有不可替代的史料价值。

目前，清水江流域文献的整理和出版大多集中在契约文书方面，非契约文书的整理和发布相对较少。非契约文书也是非常重要的文献资源，也是地方文化传承的重要组成部分。因此，本选题旨在发掘、整理并研究清水江流域的非契约文书，补充现有研究的不足，进一步丰富地方史、宗族史和民俗史的研究内容，为了填补这一空白，我们精心策划了这一套丛书——《清水江流域稀见文献汇刊》（以下简称《汇刊》），专注于非契约文书的发掘和出版。

二、选题意义

《汇刊》不仅为学术界提供了丰富的历史资料，更在文化传承和社会发展中发挥着积极作用。通过整理和出版，这批文献得以保存和传播，促进了公众对本土文化的了解和热爱，有助于推动文化旅游和地方经济的发展，进而实现社会效益与经济效益的双赢。

非契约文书的整理和出版有利于文献保护与数字化传承。许多非契约文书因保存环境恶劣而面临损毁风险。通过系统整理、校勘和数字化处理，不仅可以实现对文献的有效保护，还能将这些珍贵资料以高清数字档案的形式永久保存，便于后续学术研究和公众查阅。数字化平台的建设还可以打破时空限制，使得清水江文献的历史价值得以更广泛地传播和共享。

非契约文书的整理和出版有利于弥补历史记录的空白。传统上，清水江文献整理主要集中于契约文书，而非契约文书（如官办公文、族规、私人信札、祭祀记录、碑刻及仪式文书等）长期被忽视。整理这些文献，可以补充和丰富对清水江流域历史、社会风貌和民俗文化的记录，为研究区域政治、经济、文化及宗族变迁提供珍贵史料，弥补历史记录中的盲区。

非契约文书的整理和出版有利于地方文化传承与认同构建。清水江流域作为一个具有独特历史和文化背景的区域，其非契约文书记录了地方社会的日常生活、传统礼仪和宗族传承，这些文献在反映地方精神和民俗传统方面具有不可替代的作用。系统整理这些文献，有助于挖掘和传承地方文化内涵，凝聚地方认同，为地方文化建设和区域品牌塑造提供历史依据和文化资源。

非契约文书的整理和出版有利于推动多学科交叉研究。非契约文书内容涉及官民互动、宗族伦理、民间习俗和地方治理等多个方面，具有丰富的跨学科研究价值。通过整理与校勘，不仅有助于历史学、文献学和民俗学等领域的深入探讨，也为考古学、社会学以及文化人类学等学科提供了新的研究视角和实证材料，促进学科间的交流与合作。

清水江流域稀见文献的整理，不仅是对历史记忆的一次深度挖掘和复兴，更是一项具有学术、文化和社会多重价值的重要工程。通过这一工作，我们能够更全面地认识地方历史，传承和弘扬区域文化精神，同时推动地方文化遗产在新时代焕发新的活力。

三、内容定位

《汇刊》主要收录民国以前，清水江流域本土及外来人士在该区域留下的各类著述，包括案牍、诉讼档册、团练档案、土司家谱、日记、书信、诗文集等文献类型。具体包括知府堂审档案、采运皇木案牍、山场座簿、鱼鳞图册、土司家谱、诉讼档册、日记、书信、诗文集等文献，内容涉及社会、经济、政治、文化等诸多领域。

《汇刊》旨在全面发掘、整理清水江流域及周边地区的非契约文书类稀见历史文献，与清水江契约文书共同构筑起该流域的重要文献体系，为“清水江学”研究奠定坚实的史料基础。对散落各地的稀见典籍文献进行调查搜访，无论这些文献存于本地还是流散至外地，无论是公藏于机构还是私人收藏，无论是残缺抑或完整，手写原稿或后期传抄，都应尽可能加以系统整理、分类归纳，并有序结集出版。通过这一系统化的整理和出版工作，逐步构建起规模宏大的区域文献专书体系。

《汇刊》不仅聚焦贵州东南部清水江流域这一多民族聚居核心区域，同时也兼顾清水江—沅江流域的整体地缘生态，以及河流支系和陆路驿道连接形成的广阔文化圈，重点关注区域内部各族群、村落之间的互动交流，乃至国家与地方的历史关联。在文献整理工作中，我们有计划、有步骤地搜访流传不广的存世典籍，并按阶段性成果陆续编纂出版。

为保证文献编排的系统性，以“全盘布局、分类分期”为基本思路，先进行广泛搜集，再依据文书类型与内容进行精细分类，为后续校勘与注释奠定基础。

在内容结构上力求同类文献归入同一册或同一辑，并按照“成熟一辑，出版一辑”的原则逐步推出。由于整理工作复杂且规模庞大，拟以每辑十册以上的形式逐步推出研究成果，最终完成百册以上的出版任务，以期为清水江区域学的深入研究提供丰富的史料支持。文献整理方式将根据具体资料特点灵活选择，主要采用整理点校、原版影印和辑校三种形式，出版精装点校本、精装影印本等多个系列。适当增加考释、索引，以方便读者查阅和理解。计划共推出十辑，最终形成一百册规模的完整丛书。

大量清水江民间契约文书的整理与刊布，不仅极大地方便了海内外学者对相关史料的采集、考证与研究，也促进了清水江学研究的蓬勃发展。通过对契约文书的户属形态特征分析，研究者能够精准定位研究对象的时空范围，并根据研究需要，随时深入乡村进行田野调查，形成契约文书与实地考察相互印证的治学方法。这一方式突破了敦煌文书、徽州文书单一书面材料的局限，为历史研究提供了更加立体、真实的学术支撑。

《汇刊》的编辑出版工作是推动地方优秀传统文化创造性转化和创新性发展的重要举措，在清水江流域乃至整个贵州文化发展史上具有深远影响，并为地方经济社会发展提供文化支撑。

四、编纂团队

《汇刊》的整理编纂工作汇聚了来自不同领域的专家学者，他们共同推动了清水江流域历史文献的系统整理与研究。主要包括长期从事区域历史文化研究，擅长学术分析和理论探讨的高校教师；具有扎实的文献学功底，熟悉历史文献整理的方法与规范的科研单位研究人员；深谙文献编辑与出版流程，曾编纂过影响深远的经典要籍的学者型编辑；掌握大量地方档案资料，熟悉官方文献整理的规范的基层政府机关的档案工作人员；扎根乡土，多年从事地方文献的实地搜访与整理的文史爱好者。

这套丛书的编纂不仅是一次文献整理的学术工程，更是一次集体的文化传承行动，凝聚着所有参与者对家乡历史文化的热爱与责任。尽管来自不同机构，这些学者都怀揣着对清水江文献整理的热情，并在各自擅长的领域做出贡献。他们长期从事区域学研究，深刻理解清水江流域的历史文化脉络；精通文献整理方法，能够高效鉴别、编校和注释古籍资料；具备丰富的编纂经验，曾主导或参与重要的典籍整理项目；同时，深耕地方历史文化，对家乡的文献资源怀有高度的责任感和珍视之情。

这些学者不仅将清水江文献视为珍贵的历史遗产，也希望通过整理与出版，实现更广泛的学术价值与社会意义。不仅能丰富清水江区域学的史料基础，为清水江学的研究者提供更加完备的原始文献数据，更能通过区域史研究，补充和深化中国历史的整体叙事结构，拓展国家史的多元叙事。我们期待汇集各方力量而成的典籍文献能够吸引更多研究者关注清水江流域的历史，通过读者的解读转化为更充实的学术成果。

五、精心整理，精细编校

清水江稀见文献经过学者的收集整理后，提交初稿至出版社，编辑需要进行系统的编辑加工，以确保文献的学术价值、出版质量和可读性。

（一）结构编排与体例规范

对同一类型文献采用统一的整理规范，确保编排风格一致。在清水江稀见文献的整理出版过程中，统一的规范是确保文本一致性和学术严谨性的关键。由于文献类型多样，年代跨度大，书写方式各异，编辑需要在标点、断句、异体字、人名、地名、官职用词以及注释格式等方面制定严格的标准，以确保全书体例一致，方便学术研究和阅读使用。

确保整部丛书的标点、断句和异体字处理方式统一。全书采用现代标点，但需谨慎处理文献中的句读方式，以便于理解为原则，依据文献内容及语法结构合理断句，以避免因断句不当导致误解，使阅读更为流畅。对于典籍类文献，如案牍、家谱、诉讼档册等，可参考相关领域的断句惯例，避免因断句不当影响文献解读。诗文类文献需保持原有格式，避免因换行、断句影响诗文节奏。断句有争议的，可在注释中附加说明，提供不同解读方式。直接引用原文时，保持原文格式，不随意改动标点，必要时可在注释中说明。全书采用通行的规范汉字，对文献中的异体字、通假字进行统一转换。碰到涉及特殊意义或影响阅读的异体字时，可在注释中说明，并提供原字形对照。如涉及专有名词（如人名、地名），可在首次出现时标注异体字与现代标准字的对应关系，并在后文统一采用现代标准字。

统一人名、地名、官职等术语写法。统一采用历史上正式记载的姓名，避免同一人在不同篇章中出现不同写法。若人物存在多种称谓（如字、号、谥号、官称），在首次出现时列出全称，并在后文保持一致。若历史上同名者较多，可在注释中提供生卒年或相关信息加以区分。采用相应历史时期对应的地名，并在注释中注明今地名对应关系。对于有多个名称的地方，首次出现时提供对照表，后文保持统一。传统方位词可在必要时提供说明，避免误解。官职统一使用当时官方正式称谓，如“布政使”。若涉及多个朝代的官职体系，需注明不同历史时期的对应关系。若涉及外来官职或特殊称谓，可在注释中提供解释。

确定标题、注释、参考文献等部分的规范表达方式，确保编排规范化。对于疑难词汇、术语，可以页下注的方式解释说明也可以在文末附加术语表，以供读者参考。对于重要历史背景或特殊人物事件，可在书后附加“背景说明”或“索引”，便于查阅。对于整理过程中进行的改动（如断句调整、异文处理等），应在前言或附录中说明原则。

文献整理工作的核心在于规范化和统一性，确保全书风格一致，避免前后不一的用词、断句、注释格式等问题。通过设定严格的整理体例、统一人名地名官职用法，以及规范注释格式，能有效提升文献的可读性和学术价值，为研究者提供可靠的史料基础。

（二）文献内容的审核与编校

确保文献的真实性、权威性、完整性是文献整理的首要任务。如果文献的来源存疑或内容存在错误，将直接影响学术研究的准确性和可信度。编辑需要核对文献来源，确保材料的权威性，逐一审查各篇文献，确认内容是否完整，并在必要时向学者或相关机构咨询。如果文献本身残缺较多，需在整理时特别标注，并根据学术惯例采取适当的编排方式。

确认了文献的真实性、权威性、完整性之后，编辑还需要对照原始文献，检查文本的准确性，避免因抄录、整理过程中产生错误。在整理过程中，学者可能会通过影印、抄录、录入等方式转录文献内容，而在这一过程中容易出现错字、漏字、误解原义等问题。因此，编辑需尽量找到原始文献或最接近原始的版本，与整理稿进行仔细比对。如文献为手抄本，需核对不同抄本间的异文，辨析可能的传抄错误。如果文献内容涉及特定历史事件、人物或地名，需查阅相关史料，确保表述准确无误。

确保文献内部编排逻辑清晰。对于案牍、诉讼档册、家谱等文献，需要核对内部逻辑，如日期前后是否连贯，人物关系是否合理等。检查文献内容的时间跨度是否与历史背景相符，避免因抄录错误导致内容前后矛盾。

（三）请审稿专家帮忙把关

在《汇刊》的整理与出版过程中，审稿专家的把关至关重要。由于该项目涉及大量历史文献，文本复杂、版本多样，且涵盖多个学科领域，如历史学、文献学、民族学、社会学等，因此需要具有深厚学术功底的专家进行专业审核，以确保文献的准确性、完整性和学术价值。

清水江文献涉及多种整理方式，如点校、影印、辑佚等，审稿专家可以对整理方法进行评估，确认校勘方法是否符合传统古籍整理的标准，如是否注明勘误、是否清楚标示改动部分。对于难以判别的断句、标点、注释等，专家可提供专业意见，避免误读或曲解文献原意。若存在不同版本，专家可比对多个版本，提出异文处理方案，并在附录中说明选择依据。

在审稿过程中，编辑及时与专家保持沟通，及时修正发现的问题。通过多轮审稿，逐步完善文献整理成果，确保最终出版质量。

清水江稀见文献的整理是一项长期而细致的学术工程，涉及大量文献的核查、校勘、整理和注释。在这个过程中，审稿专家的把关对于确保文献的真实性、准确性、学术价值至关重要。通过组织专业的审稿团队，并采取严格的审查机制，可以确保整理成果的高质量出版，使其真正成为清水江流域历史文化研究的重要基础文献，为学术界和社会提供可靠的研究资料。

六、装帧设计与出版流程管理

编辑对图书的增值不仅体现在提升作品的内容质量，还在于为作品找到最合适的呈现形式，使其更具传播力和影响力。在内容层面，编辑通过精准的文本校对、完善的注释体系、合理的编排结构，使书稿更加严谨、流畅，提升学术价值和可读性。而在呈现形式上，编辑需要综合考虑读者需求、市场定位和出版趋势，选择恰当的装帧设计、版式排布、插图配置等，确保图书既符合学术出版规范，又兼具视觉美感和收藏价值。

在《汇刊》出版过程中，封面设计与版式规划是至关重要的环节，不仅影响读者的第一印象，也关系到整套丛书的学术定位与品牌形象。首先，需要确定丛书整体的封面设计风格，使其既符合学术著作的严谨气质，又兼具地方特色和文化韵味。例如，可以借鉴传统古籍装帧元素，如线装风格、宋元刻本风格，或者采用现代简约设计，结合清水江区域的历史人文特色，增强辨识度。同时，封面字体、配色方案、图案选择等都需经过慎重考虑，以确保与内容及学术定位匹配。

内文版式的设计同样需要精细规划，确保排版美观、易读，并符合学术出版规范。首先，应选用适合学术阅读的字体，如宋体、仿宋等，以增强可读性，同时兼顾古籍整理类图书的传统韵味。其次，行距、字距、段落格式等需经过合理调整，避免过密或过疏，影响阅读体验。此外，对于点校、注释、版本对照等内容，需设定统一的格式，如注释采用脚注还是尾注、不同层级标题的字号与字体等，确保版面整齐划一。此外，若文献包含大量表格、图片、影印件等，则需要特别设计版式，确保信息呈现清晰，不影响整体排版的流畅性。

在成书的最后阶段，编辑需与作者、学者沟通封面署名、版权声明等事项，确保学术署名的准确性，并符合知识产权相关规定。确定最终版式和内容后，需送交相关学者或专家评审，对文本、注释、排版进行最后审定，进一步确认内容的准确性与完整性。最终，在排版与印刷过程中，编辑需全程监督，确保印刷质量符合出版标准，如纸张选用、装订方式、色彩还原度等，力求呈现一部既符合学术研究需求，又兼具视觉美感和收藏价值的高质量文献整理成果。

通过以上系统的编辑工作，确保《清水江稀见文献汇刊》不仅具有学术价值，同时具备高质量的出版标准，为学术界和社会提供权威可靠的研究资料。

七、结语

尽管地理位置偏远、文献分散，但清水江文书的收集和整理仍在持续推进。

它全面展示了清水江流域独特的地域文化和多民族风貌，为研究地方历史、民族关系及民俗传统提供了珍贵的第一手资料，同时也增强了地方居民对自身文化的认同感。

清水江流域稀见文献的整理工作，既是一场跨越时空的文化对话，也是一段充满艰辛与感动的编辑之旅。地方文献的价值远超纸上的文字。它们是历史的见证，是文化的载体，更是地方认同与精神传承的重要纽带。每一份文献的修复与注释，都是对历史的敬畏和对未来的承诺。经过这段时间的整理与编辑工作，我深刻体会到，作为一名编辑，不仅要具备严谨的专业精神，更要怀抱对文化传承的无限热爱与责任。

第九章 融合出版趋势下的编辑创新

重复和雷同是出版大忌。重复出版出不仅加剧了市场的无序竞争，还造成出版资源浪费。出版过程中，要避免重复和雷同，创新是唯一途径。创新力不只是简单的创意，它是一种综合的能力，能够从多个维度推动图书的创新，不仅包括内容、形式，还包括出版流程、营销策略等层面。对于编辑来说，创新不仅是满足市场需求的工具，更是出版领域发展的驱动力。

编辑作为连接传统出版与新兴媒体的桥梁，需要具备创新思维、跨领域的能力，并能够有效整合不同资源，推动图书的多元化发展。推动传统出版与新兴媒体的融合不仅仅是一个技术性的转型，更是对出版内容生产和传播方式的深刻变革。编辑在这个过程中，既是传统出版的守护者，也是新兴媒体的探索者。通过创新，编辑可以帮助图书在数字时代保持生命力，并开辟出更为广阔的市场空间。

一、跨界融合与多元视角的结合

“书是做出来的”强调了编辑在形成好书过程中的创造性作用。创新就是创造差异，打造个性。图书内容创新是满足市场需求、推动出版行业持续发展的关键之一。随着读者需求的多样化、知识更新速度的加快、科技的不断进步，传统的出版内容已经无法满足读者日益多元化的需求。编辑在做书的过程中要善于思考，通过精准的市场洞察、内容创意和话题引领，推动图书内容的创新。在审稿过程中，编辑要对图书的深度、广度、视角、叙事方式等方面有所要求、有所突破。

（一）选题创新

选题创新是图书内容创新的第一步，是编辑工作中最为关键的部分。创新的选题可以为图书注入新的活力，为出版物在市场中脱颖而出奠定基础。图书内容的创新离不开对社会热点的关注和对读者需求的洞察。编辑可以通过深入分析社会、文化、科技、艺术等领域的变化，挖掘新兴领域和尚未得到广泛关注的冷门话题。作为图书编辑和出版者，捕捉这些新兴话题和冷门话题并将其转化为图书内容，是推动图书内容创新的关键。

编辑需要与时俱进，紧跟社会发展的步伐，关注当前的社会问题、科技进步、文化变化等，确保出版的图书内容能反映时代的脉搏，满足读者的兴趣和需求。

（二）内容结构创新

内容结构创新是编辑工作中的另一重要环节。在当今数字化和多元化阅读需求日益增长的背景下，图书内容结构创新显得尤为重要，关系到图书的可读性和独特性。创新内容结构既能够提升图书的阅读体验和市场接受度，又能增强读者的参与感和互动性。

对于普通读者来说，单纯的知识传递有时会显得枯燥，融入更多的故事化元素和情感驱动也是一种创新的表现。情感和故事能够更加吸引他们的注意力并激发共鸣。也可将整本书分解成若干独立又相互关联的模块，使读者可以根据兴趣或需要自由组合阅读顺序。每个模块既独立成篇，又与全书主题保持内在联系，这种结构有助于满足不同层次读者的需求，也便于后续内容的增补和延伸。

在内容中加入互动元素，可以极大地增强读者的参与感。例如，在非虚构类图书中，设计思考题、实践活动、读者互动环节等；在小说类图书中，可以加入选择性情节发展，让读者在阅读中做出决定，推动故事走向。

（三）写作形式与叙事手法创新

图书内容的创新也体现在写作形式和叙事手法的突破上。传统的图书往往采取顺序式、线性化的叙事结构。传统的写作方式虽然经典，但新的时代背景要求内容呈现方式的不断进化。编辑可以鼓励作者突破传统的线性叙事，采用碎片化、非线性甚至跨时空的写作方式，为读者带来新的阅读体验。非线性结构能够打破常规，增加图书的复杂性和吸引力。倒叙、回忆、插叙等结构可以激发读者的好奇心和阅读兴趣。例如，在讲一个历史故事时，作者可以尝试通过多视角交替叙事，或者通过现代与历史并行的方式，让读者感受过去与现在的对比与联系。又或者使用第一人称和第三人称交替的手法，或者以“信件”或“日记”的形式进行叙述，这些创新的叙事方式能够增加图书的独特性。

（四）跨学科融合创新

图书内容创新的另一个途径是通过跨学科融合，结合不同领域的知识和方法，创造出新的内容形式。这种方式有助于打破学科和思维的边界，提供新的视角和知识体系。通过将不同领域的知识、文化或技术相结合，创造出新的选题。例如，结合历史与科技、文学与艺术、心理学与商业等，推出跨学科的作品。这种跨界选题不仅能满足多元化的读者需求，也能吸引更广泛的受众群体。

（五）视觉内容与互动形式创新

随着数字出版的普及和技术的发展，图书内容创新也越来越依赖于多媒体元素的结合。例如，将图书的内容与数字化平台结合，增加音频、视频、互动问答等功能，可以为传统纸质图书增添更多的维度。读者通过数字平台可以实时参与讨论，获取多维度的补充材料，甚至与作者或其他读者互动，提升阅读体验。在图书内容创新的过程中，视觉内容的引入和互动形式的创新越来越成为图书的亮点。图书不仅仅是文字的堆砌，插图、图表、数据可视化以及其他视觉元素的融入，都能够提升内容的表达效果，增强图书的吸引力和易读性。

通过在选题创新、内容结构创新、写作形式与叙事手法创新、跨学科融合等方面的持续探索，编辑可以在竞争激烈的出版市场中为图书注入新鲜活力，不断推动出版内容的多样化和个性化发展。

二、数字化与传统出版的有机结合

图书形式创新是图书出版行业应对不断变化的市场需求和读者偏好的重要手段。图书形式创新是现代出版过程中不可忽视的一环，尤其在视觉设计、装帧、功能性设计等方面的创新，可以直接影响读者的第一印象和阅读体验。随着市场需求的多样化，图书的形式创新不仅仅限于外观，更要关注图书如何与技术、互动以及读者需求相结合。

（一）设计的创新

视觉设计在图书的吸引力上发挥着至关重要的作用。一个独特、富有创意的封面和版式设计，不仅能激发读者的好奇心，还能帮助图书脱颖而出。

图书的外观设计是一种重要的形式创新。传统的图书封面设计和内文版式设计可以通过大胆的创意进行突破，使得图书在市场中更具吸引力。视觉设计不仅包括封面设计，还包括内页的排版、字体的使用、插图和图表的搭配等。这些创新可以提升图书的可读性和美观性，从而增强其市场竞争力。

创意插图设计。创意插画设计可以给图书内容带来视觉的延伸，呈现更深层的情感和意境。在封面和内页中使用插画，可以有效提升图书的艺术感、趣味性和吸引力。尤其是在儿童图书、科普图书或小说类图书中，可以结合图书内容中的人物、场景或关键元素，用富有表现力的插画来呈现图书的核心主题，使得图书具有更强的视觉吸引力。

互动封面设计。随着科技的进步，互动封面设计逐渐成为一种新的创新趋势。互动封面可以通过 AR 技术、动画效果或光影变化等方式，在封面上实现动态效果。读者通过扫描封面上的二维码或使用特定的应用程序，可以看到图书封面背后的深层含义或动图，增强读者的兴趣。例如，一本关于自然科学的图书，其封面可以通过 AR 技术让某个动植物的图案动起来，或者通过互动封面展示生态系统的运作过程，让读者对图书内容产生更多的兴趣。

（二）装帧的创新

材质与装帧是提升图书质量感和档次感的重要元素。传统的硬壳和软皮装帧虽然经典，但随着出版市场的细分和读者需求的变化，装帧的材质创新开始成为图书设计的重要方向。

不同种类的纸张质感不同，编辑可以根据图书的内容选择合适的纸张，增强图书的触感和质感。采用厚重的牛皮纸、纹理纸、手工纸等，能够为图书提供独特的视觉与触觉体验。如高端艺术类图书可以选用优质的艺术纸或手工纸，给读者一种精致的感觉；或者通过选择光泽感较强的纸张来提高图书的视觉效果。

特殊封面处理技术。特殊的封面处理技术能为图书增色不少。使用浮雕、热烫金、局部亮面或局部哑光的设计技巧，可以让封面在视觉和触觉上都更具吸引力。如封面可以采用浮雕技术，使标题或图案突出，给读者带来更强的触感体验；或者使用局部亮面设计，让封面上的某个元素（如书名或插画）在灯光下闪闪发光，提升整体的精致感。

（三）图书功能创新

随着科技的进步和多元化阅读方式的兴起，图书不仅仅是单纯的阅读工具，越来越多的图书开始加入功能性设计，以提升阅读的互动性、实用性和娱乐性。互动图书将图书内容与技术元素相结合，使其不仅仅是传统的纸质阅读材料，而成为一种能够与读者进行互动的“多维”体验。创新形式不仅可以提升图书的吸引力、增加其市场竞争力，还能增强读者的参与感和阅读体验。

随着数字技术的进步，互动性图书成为一种新的形式创新。通过将传统纸质图书与数字技术结合，读者不仅可以获取静态的文字内容，还能参与到图书的互动过程中。新技术的引入让图书不仅仅是文字和图片的组合，更能将图书中的图像、场景或角色“立体化”地呈现在读者面前。读者可以看到立体的动画、视频或虚拟角色，甚至与之进行互动。

近年来，图书与游戏结合的形式也得到了越来越多的尝试。通过将图书内容与游戏机制结合，图书不再是单纯的静态阅读，而变成了具有互动性和游戏性的“故事体验”。在这种创新形式下，读者可以通过参与游戏的方式，影响故事的走向或结局，增加他们对图书内容的投入和参与感。

图书形式创新不仅仅是对传统纸质图书的改变，更是对读者需求、阅读习惯和科技进步的回应。从设计创新、装帧创新、融合新技术的创新到图书功能的创新，每一种创新都为图书注入了新的活力，使其在信息爆炸的时代能够更好地吸引读者，提升市场竞争力。作为编辑，需要充分理解读者的需求和市场趋势，只有不断探索和创新图书的形式，才能满足日益多样化的市场需求，并赢得读者的青睐。

三、精准化营销与平台多元化传播

编辑工作不仅涉及图书内容的策划和加工，还涵盖图书的市场推广。面对日益激烈的出版竞争，编辑不能仅仅停留在传统的编辑流程中，而应积极参与营销创新，通过多种方式推动图书的传播，提高市场影响力。在数字化时代，营销方式日新月异，编辑需要主动拥抱新媒体、新技术，打破传统出版的边界，实现图书的有效传播，提高市场影响力。

（一）精准定位读者，制定差异化营销策略

编辑要基于对书稿内容的理解，结合市场调研、社交媒体数据、销售数据等工具，精准刻画目标读者群体的兴趣点、阅读习惯、消费能力和渠道偏好。不同的读者群体对图书的需求不同，编辑要根据内容特点，制定差异化营销策略。

增强用户的参与感，编辑可以在出版前期邀请目标读者参与图书封面设计投票、书名征集、试读反馈等活动，让读者在图书生产过程中产生情感链接，提高读者的忠诚度和口碑传播力。

（二）深度挖掘内容价值，构建立体传播体系

编辑对图书的理解最为深入，可以通过撰写书评、导读文章、提炼金句、制作内容短视频等方式，挖掘书稿的核心价值，以多种形式传播。结合时下热点话题，为图书寻找切入点。例如，一本关于环境保护的图书，可以在世界环境日、碳中和政策出台等节点进行宣传，以增强传播效果。

打造知识产品矩阵，围绕一本书，可以衍生出文章、短视频、播客、线上课程等多种内容形态，以适应不同读者的需求。例如，一本历史类图书可以配套短视频讲解、一套 PPT 讲义，甚至开发一款知识类小游戏，让内容更具互动性。

（三）跨界融合营销，拓展传播渠道

图书跨界营销是一种通过合作与其他产业进行联合推广的创新手段。通过跨界合作，图书能够借助其他行业的影响力拓展受众群体，并增加图书的曝光率和传播范围。跨界合作不仅能为图书带来全新的宣传渠道，还

能创造多重的文化产品联动，为读者带来更多的互动体验。

图书可以与电影、电视剧、动漫、游戏、文化创意等行业跨界合作，推动图书的IP化。尤其是小说类图书或历史类图书，极其适合改编成影视作品。通过这种合作，图书能够借助影视作品的传播力快速吸引更多读者。编辑还可以将文学作品授权改编为影视剧，或与文创品牌合作开发相关周边产品，如笔记本、书签、盲盒等，延长图书的市场生命周期。

（四）社群运营与粉丝经济，打造忠实读者群

社交媒体已成为图书营销的重要阵地，通过社交平台的创新性应用，编辑能够与读者进行实时互动，促进图书的传播和讨论。社交平台为编辑提供了与读者互动的机会。通过积极开展互动，编辑不仅能够增加图书的曝光度，还能直接接触到目标读者群体，了解他们的需求和反馈。

编辑可以在不同平台建立图书讨论群，组织在线读书会、作者直播分享会，增强读者的归属感。鼓励读者分享读后感、书摘笔记、手绘插画等，形成用户自发传播，提高图书的影响力。例如，短视频平台上，许多图书通过“书摘配音乐+影像化呈现”获得高曝光量。编辑可以联合书评人、行业专家推荐图书，同时发动普通读者参与测评，形成多层次的口碑效应。

（五）沉浸式体验营销，提升用户互动感

在传统图书营销中，推广方式往往局限于书评、海报、广告等单向传播，而沉浸式体验营销则通过互动、场景还原、跨媒介结合等方式，让读者“身临其境”，增强情感连接，从而提升图书的影响力和销量。

举办沉浸式线下活动，增强故事代入感。编辑可以策划如“实景阅读体验”“情景朗读会”“剧本杀互动”等活动，使读者沉浸在图书的故事或

知识体系中。历史、科幻、悬疑等题材的图书，在特定场景中举办阅读活动，如一本推理小说可以结合密室逃脱活动进行推广，策划“角色扮演+解谜”式推广活动。

“体验+赠书”营销，为读者打造阅读场景。与咖啡馆、书店等阅读氛围浓厚的场所等设立“试读角”，让顾客在放松环境中翻阅新书，提高购买转化率。在新书发布初期，提供免费试读章节或小册子，让潜在读者体验部分内容，激发兴趣。

在激烈的市场竞争中，出版社要想始终保持领先地位、稳固发展，关键在于不断开拓创新，与时俱进。唯有坚持创新思维，走特色化发展道路，才能打造独特的品牌优势。盲目跟风和简单模仿或许能带来短暂的收益，但无法真正抢占先机，也难以在行业中立足长远。

案例

《贵州文库》与《贵州文库》的数字化

《贵州文库》是贵州省重大出版工程，是收录和整理贵州省古近代历史文献的大型丛书，重点收录贵州这片土地自有人文典籍以来至中华人民共和国成立以前的经典文献遗存，形成贵州历史文献的经典集成。

《贵州文库》涵盖地方史料史志、时文公文、诗文杂著、书信日记、传记年谱、文献目录学、题跋及民国人类学专著多个类别，数百年黔地文化传承尽收其中。《贵州文库》分为汉文文献和少数民族文献两大类，前者包括黔籍人士的著述与客籍人士在黔的著述，后者包括用少数民族文字记载的文献、用汉文记载的少数民族文献和少数民族口传文献。《贵州文库》的编辑出版，开创了贵州省古籍文献经典集成出版的先河，弥补了文化发展史上的空白。

一、编纂工作

《贵州文库》的编纂工作是一项长期而系统的工程，于2016年正式启动。旨在系统整理和保存贵州地区的历史文献与文化遗产。通过科学规划、精心挑选、标点校勘，为贵州经济社会发展提供精神动力和文化支撑。其编纂情况如下：

（一）多机构联合编纂，形成整体合力

《贵州文库》的编纂由贵州省委、省政府主要领导任顾问，分管领导牵头，联合地方志办公室、社科院、地方高校以及文化研究机构共同参与。各参与单位依托各自的学术资源和研究优势，集中力量收集、整理与研究贵州地区的历史文献、地方志、民俗文献、古籍善本等资料，确保编纂工作既有宏观的政策支持，也具备微观的专业研究深度。这样的多机构合作模式不仅提高了文献收集的全面性，还促进了跨学科、跨领域的学术交流。

（二）严谨的文献整理与注释机制

编纂过程中，编辑团队会对所收集的原始文献进行认真校勘和整理，力求还原历史原貌。专家学者会对文献中的疑问、缺漏进行考证，并辅以详尽的注释、引文说明和背景解读，使读者能够更好地理解文本的历史意义和文化内涵。同时，在编纂过程中，还会参考前人研究成果，结合现代学术研究方法，力求做到既保留原始资料的真实性，又便于当代读者的阅读和学术引用。

（三）分主题、多层次的编纂体系

《贵州文库》在编纂上注重内容的系统性和层次性。文库通常会按照历史时期、地域特色、文献类型等不同维度进行分类编排，如地方志、文史资料、民俗文献、地方文学等，每一部分都形成独立的卷册或专题。这样做不仅有利于系统展示贵州地区丰富多样的历史文化，也方便读者根据兴趣或研究需要进行查阅。每一册往往配有详尽的目录、注释和索引，确保读者能够快速找到所需信息，同时也体现了文库整体的系统性和专业性。

同时，随着研究的不断深入，文库也在不断更新和扩充，形成了一个既有历史积淀又能反映当代学术成果的动态体系。编纂团队在这一过程中既要关注材料的广度，也要注重学术的深度，努力构建一个全面展示贵州文化和历史风貌的文献系统。

总体而言，《贵州文库》的编纂工作既是一项文献整理的工程，也是一项深入的学术研究活动。通过各相关单位的协作、严谨的文献校勘和系统的分类整理，文库不仅为贵州地区的历史文化保存了珍贵资料，也为学者们提供了一个宝贵的研究平台，推动了地方文化传承与学术交流。

二、出版方式

《贵州文库》的出版方式主要体现为传统与现代相结合、分册分类与数字化并举的特点。在传统出版方面，它采用点校整理、影印出版等方式，对贵州历史文化中的重要典籍进行系统梳理与编纂，确保古籍的原貌呈现与学术价值的传承。同时，《贵州文库》积极顺应数字出版的发展趋势，通过建立古籍数据库，实现古籍的数字化存储、在线阅读与智能检索，使传统文化资源得以更广泛地传播与利用。这种出版方式既保证了学术研究的严谨性，又提升了文化资源的可及性和传播力。

（一）传统纸质出版

《贵州文库》作为地方文献的权威集成，其核心出版方式依然是以纸质印刷为主，以精装点校、精装影印和线装影印三种形式进行出版。出版过程中，编委会会对原始资料进行深入校勘、注释和整理，使得每册文库不仅仅是一部文献集，更是一部带有详细学术解读和历史考证的权威工具书。

精装点校本中的每一卷、每一册都经过精心排版和标点校勘，以确保历史文献的原貌得到最大程度的保留，采用简体横排的方式，对古籍进行考订、标点、注释，便于现代读者阅读。一些文献价值高、亟须保护性传承的文献，则影印保存，通常采用精装的形式，既适合学术研究，也便于收藏与传承。另有一些珍善版本，则按线装影印的方式，原样再造。保持原书样式，适用于珍贵古籍的原貌再现。

（二）融合出版

《贵州文库》的出版工作通常由地方政府、学术机构及专业出版社联合组织，这种协同模式不仅有利于资源整合和资金支持，还能确保文库的学术质量与权威性。各参与单位在出版过程中各展所长，既有专业的校勘、编辑团队，也有权威的历史文化研究力量，从而共同推动贵州地方文化的传承与传播。同时，这种联合出版模式也为未来跨界合作、衍生产品开发（如专题研究丛书、数字文献数据库、学术研讨会等）提供了良好基础。

在传统纸质出版的基础上，同步建立“贵州古籍数据库”。建立“贵州古籍数据库”具有重要的文化、学术和社会价值。首先，它能够系统性地整理和保存贵州地方文献，避免古籍因时间流逝而损毁或散佚，实现文化遗产的长期保护。其次，数据库的建立为学者、研究者和广大读者提供了高效、便捷的检索和阅读服务，推动贵州地方历史文化的深入研究。再者，数字化的方式突破了传统纸质图书的传播限制，使珍贵的贵州古籍得以广泛传播，促进地方文化资源的共享。此外，数据库还能与国家级古籍数字资源平台对接，提升贵州文化在全国乃至国际学术界的影响力，助力贵州文化“走出去”，增强地方文化自信。总之，贵州古籍数据库的建设对文化传承、学术研究和公共文化服务都具有深远意义。

综上所述，《贵州文库》的出版方式是一种多层次、多渠道的综合模式，既坚持传统纸质出版的精严治学，也积极拥抱数字化时代的发展趋势，通过分册分类、主题化编排和联合出版的协作模式，实现了地方历史文化资源的系统保存、深度解读和广泛传播。

三、推动古籍数字化

在数字化浪潮推动下，编辑要打破传统出版的局限，推动图书与技术、市场的融合。古籍融合正成为传统文化传承的重要方向，而编辑在这一过程中扮演着关键角色。除了传统的纸质编辑工作，编辑还需积极引导数字化转型，将古籍内容转换为数字格式，推动资源的再利用与创新传播。

（一）古籍出版与新兴媒体的融合趋势

编辑如何在不断发展的数字化时代推动传统出版与新兴媒体的融合，这不仅关乎图书内容的数字转型，更是如何借助现代技术和平台将图书的传播效果与市场价值最大化。

新兴媒体技术的普及推动了古籍的数字化进程。越来越多的古籍通过高分辨率扫描、OCR（Optical Character Recognition，光学字符识别）技术和数字修复手段被转化为电子文本和高清图像，形成数字档案。OCR 是一种将图像中的文字内容自动转换为可编辑文本的技术。它通过扫描纸质文档、图片或手写文字，利用算法分析并识别其中的字符，从而实现文本的数字化。 OCR 技术广泛应用于文档管理、古籍数字化、票据识别、自动录入系统等领域。通过这些技术以及利用数字平台，如数字图书馆、在线展览和移动阅读应用，古籍得以跨越时空限制，惠及更广泛的读者群体。数字化不仅有助于保护原件，还能通过全文检索、交互式注释等功能，提高学者和公众对古籍内涵的理解和利用效率。

新兴媒体为古籍传播提供了多样化的表现形式，如跨媒体融合与互动体验。通过虚拟现实（VR）和增强现实（AR）技术，读者可以“走进”

古籍场景，体验历史文化的沉浸式魅力；视频短片、纪录片、在线讲座等形式，则为古籍内容提供了直观的视觉呈现和解读。此外，社交媒体和自媒体平台也在推动古籍知识的普及，借助图文、音视频等多种方式，使古籍内容以更生动、趣味的形式呈现给大众，从而激发年轻群体对传统文化的兴趣。

传统古籍出版机构与新兴媒体平台、科技公司、文化创意企业之间的跨界合作日益增多。通过整合各方优势，不仅可以实现古籍资源的深度开发，还能衍生出更多与古籍相关的文化产品，如文创商品、主题展览和文化活动等。这种融合模式既拓宽了古籍的传播渠道，也为古籍出版开辟了新的盈利模式和市场空间。

（二）古籍融合面临诸多挑战

古籍数字化工作虽然对传统文化传承和学术研究意义重大，但在实际操作中面临诸多困难和挑战，主要可归纳为以下三大方面：

首先是文献的物理属性与扫描技术的挑战。古籍由于年代久远，纸张、皮革、装帧等物理材料往往已经老化、脆裂甚至部分损毁，且普遍存在污损和字迹模糊问题，这给高清扫描和 OCR 识别带来困难，会影响扫描图像的质量，给文献保护带来了极大的技术难度。为了防止对文献造成二次伤害，扫描过程中必须使用低侵入性技术，并采用专业设备和环境控制措施，这不仅增加了技术难度，也提高了数字化工作的成本和复杂度。

其次是文本识别与语义理解的技术瓶颈。现有的 OCR 识别技术主要针对现代印刷体训练，对于古籍中使用的异体字、生僻字，甚至是篆书、隶书等传统书法体难以达到足够的准确性，对印刷与手写并存的不规则的书写格式识别率普遍较低，导致大量识别错误和漏字；古籍版面的复杂性也增加了技术难度，部分文献采用竖排格式，传统 OCR 识别技术主要针对横排文本，适配性较差，另外文献中可能包含文字、图片、脚注、夹注等多种元素，需要分类处理，使得自动识别和处理准确率不高；古籍多为文言文，格式、标点和语义结构与现代语言有较大差异，没有现代语言的标点符号，句读等都需要依赖专业知识和人工判断，加上古文中存在大量的异体字、简繁转换和历史用语，使得计算机自动处理古籍文本的语义、语法和上下文联系非常困难；此外，很多古籍附有注释和版本说明，这些复杂信息的数字化和结构化处理也增加了技术挑战。

然后是数字化标准、元数据整合与资源共享问题。古籍数字化不仅仅是简单地将文献扫描成电子文件，还需要建立统一的数字化标准和元数据体系，以便于后续的检索、管理和共享。统一的标准不仅有助于文献的长久保存，还能使得不同机构、不同版本的古籍资料实现互联互通。古籍往往存在多种版本和多样的注释，需要对文献的出处、年代、版本、校勘说明等进行详细记录和标引。这不仅需要学者和专家投入大量精力进行考证，还要求数字平台能够支持复杂的元数据结构和动态更新。目前，国内外在古籍数字化方面存在不同的规范和技术标准，如何制定符合文献特性的统一数字化标准仍是亟待解决的问题。各地方文献馆、大学图书馆、研究机构等持有大量古籍数字化资源，但由于数据格式、存储方式、接口标准等不统一，跨机构、跨平台的资源整合和共享成为一大难题。

古籍的保护、修复与数字化均需要大量资金和专业技术支持，而目前在这方面的投入仍不足。很多地方文献馆和图书馆缺乏足够的预算和专业人员，难以开展大规模数字化工程。同时，古籍出版的版权和知识产权保护问题也亟待解决，不同机构之间的资源壁垒和数据共享障碍进一步影响了古籍资源的整合与传播。

总体来看，新兴媒体与古籍出版的融合为传统文化传承带来了新的活力与可能，但同时也暴露出传统古籍出版在数字化保护、技术标准、资金投入和版权管理等方面的多重挑战。古籍数字化是一项系统性工程，需要政策、技术和资金的多重保障、跨界合作、技术创新，同时也需要建立有效的协同机制，才能逐步解决这些困难，真正实现古籍的高质量数字化保存和广泛应用。推动古籍出版实现从传统纸质版到数字平台的顺利转型，进而让丰富的古籍资源在现代传播环境中焕发出新的光彩。

四、《贵州文库》的数字化

编辑在古籍融合中既是传承者，也是创新者。通过引导数字化转型和对数字内容的重构优化，编辑不仅能实现古籍文献的高效保存与传播，更能为传统文化注入现代活力，助力古籍走向更广泛的公众视野。

（一）数字出版与在线资源建设

随着信息技术的发展，《贵州文库》逐渐探索数字化出版路径。除了传统的纸质版，数字版本也成为推广和传播贵州地方文化的重要手段。贵州文库数据库由贵州出版集团开发建设，依托贵州省重大出版工程《贵州文库》的古籍资源，打造成为省级古籍数字化平台。

《贵州文库》古籍数据库对《贵州文库》丰富的古籍资源进行了数字化整理与加工，涵盖点校版、版刻影印和手写影印三大类型。首先，电子化处理是数字化平台建设的基础。新兴技术可以将纸质文献转化为可检索、可编辑的数字文本。贵州文库内的珍贵史料和古籍需要采用高分辨率扫描技术，以确保图像清晰度和文献细节不丢失；同时，利用先进的技术，将复杂的古文字、篆刻印记等特殊符号准确转化为数字文本，这对技术和算法提出了较高要求。其次，数字平台应具备完善的元数据管理体系。每一份文献在数字化后，都需配备详细的注释信息、出处、作者、年代、版本等元数据，便于后期检索、分类与统计。此外，还需要建立稳定的数据存储、备份和安全访问机制，确保数字资源的长期保存和学术共享。最后，数字平台的用户界面设计和功能布局也至关重要。应为学者、研究人员以及普通读者提供友好的检索界面、全文搜索功能、交互式注释和多维度浏览功能，促进用户深度挖掘和跨界研究，实现学术、教育和文化传播的多重价值。

截至目前，已完成《贵州文库》（一期）点校版26册、版刻影印20册、手写影印37册古籍的数字化编辑工作。

《贵州文库》古籍数据库平台由前台展示系统和后台管理系统两部分组成。前台系统提供在线阅读、多维检索、古籍超大字符集显示及版权保护等数字化服务，方便公众进行专业查询和检索。后台管理系统则负责资源入库、电子商务、用户管理及数据统计分析等功能，确保数据库的日常运行与维护。用户可通过电脑、手机等移动设备便捷访问该数据库平台。

（二）数字化转型的引导与实践

古籍的数字化不仅仅是将纸质文献转化为电子版，还需对内容进行优化重构，提升数字阅读体验。编辑应思考如何对古籍进行格式转换、结构重组和交互设计。例如，在转换为电子书时，要合理设计版面、字体和排版，使古籍内容既符合原文风格，又适应现代读者的阅读习惯。此外，借助数字化技术，编辑可以增加注释、交互式图表和多媒体资源，为读者提供更丰富、更直观的阅读体验，从而让古籍文献在数字平台上焕发新的生命力。

《贵州文库》古籍数据库平台突破了传统纸质图书的局限，提供检索、分类聚合、知识链接及智能提示等多项功能，使读者能够充分利用近百年来的古籍整理成果。为进一步推广和应用该数据库，贵州出版集团与贵州省图书馆建立了授权合作关系，向公众免费开放古籍资源阅读。此外，平台已成功接入国家知识服务平台，实现页面跳转与单点登录等无缝对接。未来，计划接入国家古籍数字化资源总平台，以进一步提升平台的示范作用和公共文化服务能力。《贵州文库》古籍数据库自2023年3月正式上线以来，总访问量已超过百万次，受到读者的广泛关注和利用。

《贵州文库》的数字化工作既是一次技术革新，也是文化传承和学术创新的重要举措。通过构建完备的数字平台、实现资源整合与数据共享以及制定科学的保护与传播策略，不仅能为地方文献资源的长期保存提供保障，还能推动贵州历史文化的广泛传播，提升学术研究与文化产业的整体水平。这一系列措施不仅体现了数字技术在文化领域的巨大潜力，更为地方文化传承与创新发展开辟了全新的路径。

第十章

编辑在数智时代的角色转型

数智时代的到来正在深刻影响着各行各业，出版行业也不例外。“数智时代”是“数字化时代”和“智能化时代”相结合的概念，指的是信息技术特别是大数据、人工智能等数字化技术与智能化技术深度融合，推动社会、经济、文化等各方面进入一个全新的发展阶段。

数智出版是指在数字化和智能化技术的基础上，利用大数据、人工智能、机器学习、云计算等前沿技术对出版工作进行全方位改造和提升的一种全新出版方式。这种变革为编辑带来了前所未有的机遇与挑战。作为出版链条中的重要一环，编辑的角色和职能也发生了巨大的转变。本章将深入探讨数智出版的崛起对编辑的影响，并分析编辑如何适应这一变革，如何通过技能与思维的转型，迎接数字化和智能化时代的挑战与机遇。

一、数智出版给编辑工作带来诸多挑战

随着数字化与智能技术的快速发展，数智出版，即数字化与智能化融合的出版模式，正深刻变革出版行业，为编辑工作带来了诸多挑战。面对这一趋势，编辑需要不断调整自身角色，提升专业素养，以适应新的出版环境。

（一）编辑的工作内容扩大：从纸质出版到多元化出版形态

数智出版带来的内容变革不仅仅是载体的变化，更是从内容形态到传播方式的全方位升级。在数智出版的环境中，图书的发布平台不仅限于传统的书店和纸质出版，更多的是进入到电子书、音频书、社交媒体平台、电子商务平台等多种渠道。编辑需要协调多个平台，管理不同格式的出版物，确保图书在多个平台的传播效果最大化。

在传统出版中，编辑的主要职责是处理文本内容，包括校对、排版、结构调整等。随着人工智能和大数据技术的应用，编辑可以通过数据分析获得市场趋势和读者偏好，为内容创作提供方向指导。此时，编辑的工作不仅要关注文字质量，更要关注内容的创新性和市场需求。

数智出版的崛起带来了丰富的数据和技术支持，使编辑在选题、策划阶段可以基于大量的数据进行决策。编辑需要参与选题策划、市场分析和目标读者定位，考虑如何根据市场需求、受众偏好以及最新的出版趋势策划出有吸引力的内容。

例如，通过对社交媒体、在线评论、阅读趋势等数据的分析，编辑可以更精准地把握读者的需求，制定更具市场潜力的选题。

（二）编辑的工作方式变化：自动化与智能化的应用

在传统出版中，编辑依赖大量的人工劳动来完成校对、排版、格式化等工作。这些工作通常是烦琐且耗时的。在数智出版的环境下，大数据、人工智能、云计算等技术深度融入出版流程，传统编辑工作的模式正在被智能化、自动化所改变。

人工智能校对系统可以自动检测错别字、语法错误、格式不规范等问题，甚至能够进行语义分析，辅助审稿。数智出版采用智能排版技术，可以根据内容结构自动生成符合阅读习惯的版式。同时，数智出版正在推动按需出版模式的发展。按需出版基于数据驱动的供应链管理，使得出版商可以根据市场需求灵活调整印刷数量，减少库存压力。通过智能化的编辑工具，编辑还能够自动化处理海量的文本数据，发现潜在的趋势和热点，提供更有价值的内容和市场预测。这些变化使编辑的工作不再单纯依赖人工操作，而是逐步向高效、智能化方向发展。

这些技术的引入使得编辑的工作效率大幅提高，编辑可以将更多时间和精力投入更具创造性和策略性的工作上，如内容策划、品牌建设、跨平台内容推广等。

（三）编辑的技能要求提高：跨学科能力和技术能力的融合

随着数智出版的发展，编辑的技能要求发生了巨大的变化。传统出版时代，编辑通常需要具备扎实的文字功底、丰富的语言能力和一定的学术素养。如今，数智出版要求编辑不仅要精通文字工作，还需要具备跨学科的能力，包括数据分析、数字化技术的应用、市场营销等多方面的知识和技能。

编辑需要了解数据如何影响图书市场、如何使用分析工具评估图书的市场潜力、如何利用社交媒体和数字平台推广图书等。此外，编辑还需要掌握数字出版工具，了解电子书的格式化、平台操作以及数字版权的管理等知识。因此，编辑不仅仅是一个内容审查者，更是一个具备数据敏感度、技术应用能力和市场洞察力的综合型人才。

（四）编辑的协作方式变化：跨领域团队合作

在传统出版环境下，编辑通常与作者、设计师和排版人员等合作，团队较为固定。而在数智出版的时代，编辑需要与更多专业领域的人才进行合作，包括数据分析师、技术专家、市场营销团队、平台运营商等。编辑的角色不再是孤立的，更多的是在跨领域、跨行业的团队中发挥作用。

编辑需要协调并整合来自不同领域的意见和建议，确保图书内容、形式、营销等各个方面的一致性与创新性。同时，编辑还需要通过跨平台的推广与传播，让内容能够迅速覆盖到不同的受众群体。数智出版要求编辑具备较强的团队协作能力和跨领域沟通能力。

在传统出版中，编辑的价值主要发现、增值、拓展、推广等方面，而在数智出版时代，编辑的价值链开始延伸，涉及更多的文化创意和知识传播的层面。编辑不再仅仅是内容的守门人，而是文化产品的引领者。

二、编辑如何适应数智工具与平台的变革

随着数字化和智能化工具的不断发展，编辑工作发生了很大的变化。为了适应这一变革，编辑需要不断学习新技术、新工具，提升自己的技能储备，既要了解数智工具的基本功能，又要具备将其应用于具体编辑工作

中的能力。

（一）快速学习和掌握新工具

数智时代，编辑面临的第一个挑战就是要快速学习和掌握新工具。与传统出版工具相比，数智工具可以大大提高工作效率，减少重复劳动，但也要求编辑具备一定的技术敏感性。在编辑工作中，经常用到的工具有文本处理工具、数据分析与挖掘工具、人工智能辅助工具、多平台发布工具等。

文本处理工具如智能文本编辑、自动排版软件、语法检查工具等。通过这些工具，编辑可以在更短的时间内完成文稿的审校、修改和排版。编辑可以利用大数据分析工具，了解市场动向、用户需求和图书销售情况。通过分析读者的兴趣和行为，编辑能够更准确地策划和调整图书内容。编辑可以借助人工智能技术进行内容创作辅助，如通过人工智能自动生成文章、辅助写作和主题推荐等功能，提升工作效率。在数字化和智能化的环境下，编辑还需要掌握如何将图书发布到不同的平台，如电子书平台、音频书平台、社交媒体平台等。平台的管理工具和格式转化工具是编辑必须掌握的技能。

（二）平台适应与管理能力的提升

随着出版平台的多样化，编辑的职责不仅限于纸质图书的出版，还包括电子书、音频书、视频书等多平台、多格式的出版内容管理。编辑需要了解各个平台的特点，掌握平台内容定制和管理的技巧，以便更好地推进图书的发布和销售。编辑需要思考图书内容如何在不同平台上进行有效的跨平台推广和内容延伸。

编辑需要根据图书的类型和目标读者群体，选择合适的平台进行发布。例如，学术类图书可能更适合发布在学术平台，而文学类图书可以选择更加注重视觉效果和读者互动的社交平台进行推广。

不同平台的内容呈现形式不同，编辑需要根据平台的特点调整内容的排版、格式和表现形式。比如，在社交媒体上推广图书时，需要更加注重图书的视觉表现和短小精悍的内容呈现；而在电子书平台上发布时，则要确保图书内容能够适应电子屏幕的阅读需求。

（三）编辑技能与思维的转型

传统的编辑技能主要集中在文字的审校、排版设计、出版流程管理等方面，而在数智时代，编辑需要具备更多的数字化技能和跨平台操作能力。具体来说，编辑需要具备强大的内容创作和策划能力，能够在数据和市场反馈的基础上策划出适应当前市场需求的内容，并通过智能工具对内容进行优化。

编辑需要学习并掌握多种数字工具和平台管理工具，包括自动化排版工具、数据分析软件、社交媒体管理平台等，以此增强技术适应能力。数智时代的编辑还需要拥有跨学科的综合能力，能够理解数据科学、人工智能等前沿领域的技术，并将这些技术运用到出版工作中。

在数智出版的环境中，编辑的思维方式也需要发生转型，从传统的审美标准和主观判断转向更加数据驱动和用户导向的决策方式。编辑不仅要依靠直觉来判断图书的选题和内容，更要利用数据分析来指导决策。编辑可以通过分析读者的购买行为、评论、点击量等数据，评估某个图书的市场潜力，进而制定营销策略和内容更新方案。在数智出版中，编辑需要更加注重读者需求和阅读体验。通过对用户数据的分析，编辑可以了解读者的偏好、兴趣和痛点，从而在内容创作和编辑中融入更多用户需求。

三、编辑的未来：编辑与人工智能的协作

在数智时代，人工智能与大数据技术正在重塑出版行业，编辑工作方式也随之发生深刻变革。未来，编辑与人工智能的协作将成为出版行业的核心模式，不仅提升工作效率，还能推动内容创新与市场精准化运作。

（一）科技作为辅助手段

在数智时代，人工智能技术的崛起给编辑带来了巨大的挑战，但同时也为编辑工作提供了更高效的工具和资源。编辑需要具备更加广泛的技能，既能熟练运用各种新兴的工具，又能通过自己的专业素养和创新能力将其与人类智慧结合，创造出更加丰富、多元的出版产品。

首先，编辑需要深刻理解各类智能工具的运作原理和适用场景，如自然语言处理技术在内容审核中的应用、大数据分析在选题策划中的作用，以及智能排版工具如何提升版面设计的效率。通过熟练掌握这些工具，编辑可以高效优化工作流程，使编辑出版更加精准高效。

其次，编辑应利用自身的行业经验和学术素养，确保人工智能提供的辅助内容符合出版标准和市场需求。如人工智能软件生成的文案可能缺乏深度和情感共鸣，编辑的介入能使内容更加符合目标读者的审美和需求，提升出版物的质量和影响力。

此外，编辑不仅是工具的使用者，还应成为人工智能技术发展的引导者。根据出版行业的需求与技术团队合作，提出优化算法的建议，使智能工具更符合出版业务的实际需求，真正实现人机协作的最大效益。

编辑将成为这些智能化工具的使用者和引导者，通过自己的专业判断和创新能力将人工智能工具的优势最大化。在智能化出版环境中，人工智

能可以快速处理大量信息、进行文本分析、自动校对以及优化内容分发，但最终的决策仍须依赖编辑的专业判断和创造性思维。

（二）不断提升编辑的核心竞争力

尽管人工智能在内容生成和数据分析等方面具有强大能力，但编辑的核心竞争力依然不可替代。编辑的核心竞争力体现在对内容的创意和对文化的深刻理解上。编辑需要在技术应用的基础上，提升自身的专业素养和创新能力，以应对行业变革。

编辑的专业判断力，确保内容质量与价值。人工智能可以提供辅助性编辑工具，但无法完全取代人类的专业判断。编辑需要具备强大的信息甄别能力，确保内容的真实性、权威性和逻辑性。面对人工智能可能带来的虚假信息、数据偏差或文本误导，编辑需要通过专业判断进行筛选、校对和修订。编辑在内容把控上能够发挥主观能动性，确保出版物的社会价值和文化意义。

编辑的选题策划能力，实现精准选题，打造优质内容。在信息爆炸的时代，编辑的选题策划能力尤为重要。人工智能可以分析市场数据，提供选题建议，但真正的创意和前瞻性思维仍须依赖编辑的敏锐洞察力。编辑需要综合市场需求、社会热点、学术前沿、读者兴趣等因素，策划出有影响力的选题。此外，人工智能难以理解文化趋势、社会情感和人文精神，编辑则可以结合自身经验，打造富有深度和价值的作品，提升内容的影响力和生命力。

编辑的编辑加工能力，提升出版物的附加值。尽管人工智能可以辅助内容生成，但其输出的内容往往缺乏深度和个性化。优秀的编辑不仅是信息的整理者，更是内容的深度加工者。编辑需要根据目标读者群体，对内容进行优化，包括逻辑调整、语言润色、数据补充、案例分析等，使其更具可读性和影响力。此外，针对学术出版、专业出版、社科科普等领域，编辑还需进一步挖掘内容价值，确保出版物的精准性、系统性和权威性。

编辑的跨媒介融合能力，适应多元化的出版形态。人工智能推动了出版行业的数字化转型，传统纸质出版已无法满足当代读者的需求。编辑需要具备跨媒介融合的能力，能在纸书、电子书、有声书、短视频、人工智能互动内容等多种媒介形态中游刃有余。编辑不仅要理解不同媒介的特点，还要能够将内容进行适配、再创作和优化，使其在不同平台上都能最大化传播效果。例如，将一本畅销书改编成有声书、制作短视频推广，甚至结合人工智能生成互动式阅读体验，都需要编辑发挥创造力。

在人工智能时代，编辑的核心竞争力成为决定其职业价值的关键因素。面对智能出版的变革，编辑需要不断学习新技术，掌握数据分析方法，提升选题策划能力，提升出版物的质量，推动出版业高质量发展。

讨论

数智时代图书编辑的价值

在数智时代，人工智能、大数据和智能算法的广泛应用正在深刻改变出版行业，图书编辑的工作方式也随之发生转变。有人担忧，随着智能校对、自动排版、AI写作等技术的发展，编辑的“人”之价值是否会逐渐被削弱甚至取代，编辑是否还有存在的必要。

一、数智时代图书编辑是否会逐渐失去其“人”的价值

数智时代的到来使得出版行业发生了前所未有的变革，人工智能的崛起正在深刻改变出版行业的工作方式。随着机器翻译、自动化编辑和智能写作工具的不断发展，人工智能已经能够根据给定的主题生成文本、自动修改语法、优化排版和设计，甚至根据读者的行为预测他们的兴趣和阅读

习惯，从而个性化推送内容。

人工智能的应用场景越来越广泛，从内容创作、文本审校、智能排版到图书推荐系统、读者数据分析等，几乎涵盖了出版工作中的方方面面。人工智能的优势在于其高效、精准、自动化的处理能力，可以极大提高工作效率，减少人工错误，同时还能够处理大量的数据和信息，帮助出版商做出更加科学、准确的决策。

人工智能技术的这些特点，给编辑带来了巨大的挑战。随着越来越多的自动化工具被应用到编辑工作中，人们开始质疑编辑的角色是否仍然有存在的必要。不少编辑也开始产生恐惧与不安，担心自己的职业会因此消失，自己的“价值”将被机器替代。编辑是否会逐渐失去“人”的价值和作用最终被人工智能替代成为人们讨论的话题。

图书编辑是否会被新兴科技取代，这个问题的答案并非简单的“是”或“否”。虽然科技特别是人工智能和自动化工具在许多领域已显现出强大的潜力，但在图书出版这一领域，科技的作用更像是辅助手段而非完全替代。尽管人工智能技术在出版流程中的应用已经展现出巨大的潜力，尤其是在文本生成、排版设计、语法纠正和内容优化等方面，但图书编辑的价值并未因此消失。事实上，编辑在数智时代依然拥有不可替代的核心价值，尤其是在内容策划、创意创新、读者互动、文化传承等方面，编辑的作用依然不可或缺。

因此，在科技的加持下，人工智能将成为强有力的编辑助手，将更多地作为工具来辅助编辑工作，而不是完全取代编辑的职责。编辑的独特价值依然无法被完全取代。

二、数智时代图书编辑不可替代的价值

随着人工智能、自然语言处理、机器学习等技术的发展，编辑可以使用人工智能自动化排版工具、智能校对系统、自然语言处理技术等智能化

工具优化工作流程，提高效率，减少重复性劳动，降低差错率。然而，人工智能并非万能，编辑仍需负责人工智能工具无法覆盖的领域，通过合理利用智能化工具，编辑可以显著提高工作效率，同时释放更多时间和精力，专注于内容质量的提升和创意策划。图书编辑的创意性、判断力和文化敏感性等方面仍然无法完全由机器取代。

（一）内容策划与创意创新：人工智能无法超越的创造性思维

编辑工作是一项创意性工作。图书编辑不仅仅是修改错别字，更多的是在创新作品的和内容、结构、形式等方面进行决策。选题策划、营销推广等方面都需要编辑人员的创意和灵感，这是目前人工智能无法完全替代的领域。

人工智能虽然在某些领域逐渐展现出一定的创造性，但它依然无法拥有真正的“创意”。人工智能基于已有的数据和模型进行内容生成，通常缺乏对人类情感、文化价值和社会责任的感知。

创意和策划是编辑工作的核心之一。内容的策划和创意不仅仅是对已有素材的组织和加工，更是对图书主题、整体结构、语言风格、呈现形式等多个层面的创新设计。在图书出版过程中，优秀的编辑能够通过对内容的巧妙构思和创新设计，将图书从普通的文字堆砌中升华为具有深度、思想性和艺术性的作品，而这些能力是人工智能无法替代的。

编辑不仅仅是文字的整理者，更是文化的传递者和创意的推动者。编辑通过对市场需求、社会热点、文化趋势的深刻理解，提出切合时代需求的选题，并通过创意的表达将这些选题呈现给读者。这一过程涉及对读者心理的精准把握、对文化背景的深刻理解，以及对社会情境的敏感觉知，这也是人工智能无法胜任的。

（二）文化传承与情感共鸣：编辑的情感智慧

图书不仅是信息的载体，更是文化的承载体。编辑在内容的选择与加工中，担负着文化传承的重要责任。通过精心的策划与创作，编辑能够让一本书超越其物理形式，成为传递思想、情感和文化价值的载体。

人工智能技术可以生成文本，但它无法感知文化的厚重感和人类的情感需求。编辑可以根据当前的社会需求和时代背景调整图书的内容，从而使图书在特定历史条件下发挥应有的文化作用。人类的情感和智慧能够在文字中打动读者，产生情感共鸣，而这些感性的维度无法通过冷冰冰的算法来传递。

编辑对于文化和情感的敏锐触觉，使得他们能够将图书打造成跨越时间和空间的文化桥梁，这是任何机器无法做到的。文化传承不仅仅是对历史资料的简单复制，更是一种情感与精神的传递。图书编辑在对古籍、历史文献或文学作品的整理过程中，会充分考虑作品背后的时代背景、文化内涵与情感脉动。他们通过细致的文本解读、文献比对和语境分析，捕捉到那些隐藏在字里行间的情感细节和文化意蕴，从而使作品具备温度和生命力。

编辑在整理过程中，经常会针对文中晦涩难懂的典故或古语进行注释和译释，既保证了学术严谨性，也让读者能够感受到历史的沉淀与时代的呼吸。编辑凭借丰富的文化积淀和敏锐的情感直觉，能够更好地传承和弘扬优秀的文化传统，达到情感共鸣的效果。相比之下，人工智能虽然能快速识别和转化文字信息，但在理解文化底蕴、解读情感隐喻方面，缺乏人类情感的深刻体验和判断能力。

编辑通过长期积累的阅读经验和艺术修养，相比人工智能自动生成的模板化内容，能够在审美判断上做到“人情味”十足。在出版过程中，编辑不仅需要确保文字的准确性，更要具备独特的审美眼光和创意表达能力。优秀的编辑能通过反复推敲，对作品的语言风格、结构布局、视觉呈现进行艺术性加工，使作品既具文学价值又符合时代审美。从海量信息中发现细微差异，将作品中的情感和思想通过巧妙的排版、语言润色、视觉设计等方式表现出来，从而形成独特的编辑风格和品牌标识。正是这种独到的审美能力，使得编辑在创意表达与内容创新上始终保持不可替代的优势。

（三）读者需求的洞察与互动：人工智能无法匹敌的“人性化”

编辑的另一个不可替代的职能是对读者需求的精准洞察。在传统出版中，编辑常常与作者、读者、出版公司等多方沟通合作，了解市场动态和读者需求，进而优化图书的内容和形式。随着数字化和智能化技术的发展，编辑还需要与读者进行更加深入的互动。通过与读者的互动，编辑可以及时获得反馈，调整图书内容，优化读者的阅读体验。

尽管人工智能能够通过数据分析预测读者的偏好，但它无法理解人的复杂情感和文化背景，也无法通过人际沟通建立起读者与出版物之间的深厚联系。编辑通过与读者的互动，能够了解他们的需求和期望，从而在内容的修改和完善中做到“人性化”设计。而这一点，正是人工智能所无法实现的。

图书编辑不仅是内容加工者，更是文化传递与社会沟通的桥梁。他们深知读者对知识的需求不仅仅是理性信息，更包含情感共鸣和精神慰藉。因此，在编辑过程中，他们注重与读者之间的情感交流，通过精心设计的文字、排版和注释，引导读者走进作品背后的故事，感受历史的沉重、文化的魅力与人性的温暖。编辑往往会组织读者讨论、线上互动或专题讲座，倾听读者反馈，不断调整和改进作品的表达方式，使之更贴近大众情感需求。

与读者情感沟通的能力，来源于编辑多年的阅读积累和对社会文化变迁的敏锐观察，而这些正是人工智能无法比拟的。与此同时，编辑在面对社会责任时，会自觉肩负起引领公众审美、传播正能量的使命，确保出版物既具知识性，又富有情感温度和社会价值。

（四）编辑的专业判断与伦理责任：人工智能无法承担的社会责任

编辑在出版过程中，不仅是内容的加工者，更是出版内容的把关者。随着信息的快速传播和数字化的普及，出版物的内容质量和传播效果受到越来越多的关注。在这方面，编辑肩负着巨大的社会责任。编辑不仅需要判断内容的真实性、客观性和价值性，还需要在内容的表达和传播中考虑到社会影响、文化伦理和读者的道德责任。

人工智能虽然可以通过算法检测语法错误、内容重复等问题，但它并不能具备像编辑一样的伦理判断力。它难以完全理解上下文语境、历史背景和社会现实，可能会产生错误或偏颇的信息。编辑的专业判断在于甄别信息的真实性，确保出版物内容准确无误。特别是在学术出版、新闻出版和科普读物中，编辑必须严格审查信息来源，防止虚假信息传播，避免误导读者。

出版不仅是商业行为，更是一种文化责任。人工智能无法理解社会伦理的复杂性，可能无意间生成带有偏见、歧视或误导性的内容。编辑需要具备高度的社会责任感，确保出版物符合社会公序良俗，避免不当言论引发公众争议。同时，编辑要尊重不同文化、信仰和群体，平衡多元化表达与社会稳定的关系，推动优秀文化的传播。

人工智能的发展带来了版权问题的复杂化，例如人工智能生成内容的版权归属、原创作品的合理使用等。编辑需要在出版过程中严格遵守版权法规，保护作者的知识产权，避免侵权行为。同时，在引用、改编和再创作过程中，编辑需要合理使用已有内容，确保内容合法合规，既保障作者权益，也维护出版行业的良性发展。

编辑在审核内容时，往往需要考虑复杂的伦理问题，如是否涉及版权、是否存在恶意信息、是否符合社会公德等。这些判断不仅依赖于专业知识，还涉及对社会责任和人文关怀的深刻理解。编辑的专业判断、伦理把关和社会责任意识，在数智出版时代显得尤为重要，确保出版物既符合市场需求，又符合社会价值观。正因如此，编辑作为文化的守门人和出版的责任主体，其职业价值依然不可被机器所替代。

总而言之，当编辑不再具有“人”的价值和专业度，就离被取代不远了。未来的编辑工作将更多地与新兴科技相结合，形成“人机协作”的模式，编辑人员需要不断提升自己的技术素养，以应对新的挑战，并充分发挥人类独特的创意和判断力。

三、数智时代编辑的未来发展

不管技术如何进步，编辑最本职的工作没有发生改变。编辑工作最重要的三个方面——选题策划与市场洞察、内容质量的把控与提升、沟通协调与团队协作，它们是确保出版物高质量和成功推向市场的关键。只有在这三个方面都做到精益求精，才能在激烈的出版竞争中脱颖而出，为读者呈现出既具学术深度又富有创新性和传播力的优秀作品。

（一）深耕内容，打造精品

在数智时代，编辑不仅要掌握传统的文字加工和出版技能，还需要利用数字化与智能化工具，深耕内容、不断优化作品质量，打造具有独特风格和高附加值的精品。

一个成功的选题不仅关系到图书的市场竞争力，还决定了整个出版项目的成败。编辑在策划选题时，不仅要依赖个人经验和市场观察，还需要通过数据来指导决策。编辑可以通过大数据分析读者的行为模式，精确预测图书的市场趋势，从而提供个性化的出版内容。数智时代为编辑提供了海量数据，通过对读者行为、搜索趋势、社交媒体讨论等数据的采集与分析，编辑可以更精准地把握市场需求与热门话题，从而制定更有针对性的选题策划。

在选题策划阶段，编辑不仅要考虑传统纸质书的逻辑与结构，还要思考如何将内容延伸到多种媒介平台。编辑应规划如何将一部作品在多个平台上形成互动联动，如在移动端提供互动版电子书、在社交平台推送内容摘要及引导链接，打造全媒体传播矩阵，提升品牌知名度与读者黏性。

（二）内容把关，质量提升

内容是图书的灵魂，只有高质量的内容才能赢得读者的认可和信赖。在数智时代，编辑不仅要继承传统的内容把关经验，还需要借助智能化工具和数据技术，构建全新的内容质量保障体系。

借助智能工具实现高效自动化校对与内容优化。现代人工智能技术已广泛应用于文本校对领域。编辑可以利用智能校对工具对稿件进行初步审查，自动检测错别字、语法错误、标点符号使用不当等问题。这些工具通过自然语言处理技术对文章进行语义分析，能够迅速识别出潜在的语句不通、逻辑断裂等问题，为编辑提供初步修改建议。编辑在使用这些工具时，应注重对结果进行人工二次审核，确保自动化检测与人工判断相结合，从而有效提升作品的准确性与表达流畅度。

利用人工智能写作助手生成初稿或提供写作灵感已成为数智时代的一种趋势。编辑可以将流程中的一些程序化工作如制作成本预算表格、写作书评等交给人工智能完成，人工智能生成之后编辑对其进行深度加工和润色。通过这种方式，编辑不仅能减少烦琐的内容整理工作，还能在短时间内产生高质量的文本输出，为进一步深加工奠定基础。

（三）沟通协调，团队协作

在数智时代，编辑要想在快速变化的出版环境中保持竞争优势，不仅要关注选题策划和内容质量，更需注重跨部门沟通、团队协作和项目管理，以适应数字化工具、跨平台传播和多部门协作的工作模式。

编辑与作者之间的合作与交流，往往需要较强的人际沟通能力。编辑不仅要提供具体的修改意见，还要能够与作者建立有效的沟通，帮助其完善创作。在与作者的沟通方面AI的替代性较低。图书编辑需要与设计师、排版人员、营销团队等多个部门协调，确保图书的整体质量。这种跨部门的合作与沟通更依赖人际交往技能。

在数智时代，编辑要学会利用数字化协作工具，通过这些工具，编辑可以创建项目专用讨论群组，发布任务、更新进度，并实现文件共享和在线协作，使整个项目的各个环节透明化、信息流动高效化。数字化协作工具能够帮助编辑与团队成员实时沟通和协同工作。

项目管理软件可以帮助编辑在数智时代实现任务分配、进度监控和资源调度。编辑可以将整个出版流程拆分为多个具体任务，并对各个任务的完成情况进行实时监控，从而确保项目按时完成。同时，这些工具还能记录项目中的关键决策和讨论过程，便于后续复盘与优化。

团队协作中，及时反馈与改进是保持高效运作的重要保障。编辑需要建立内部反馈机制，鼓励团队成员定期分享工作中的难点和心得，通过头脑风暴和集体讨论找到解决方案。定期的项目总结与评估不仅能帮助团队发现不足，还能为未来项目积累经验，提高整体协作效率。

只有在一个多元化、高效协同的工作环境中，编辑才能充分利用数智时代带来的新工具和新技术，实现从传统出版向数字化、智能化出版的转型，进而打造出兼具高质量内容和卓越传播力的精品作品。

在数智时代，编辑的角色面临着巨大的挑战和变革，但其不可替代的核心价值依然存在。尽管人工智能技术能够在许多方面帮助编辑提高效率和优化内容，但创意、文化传承、情感共鸣、伦理判断等方面，依然是编辑无可替代的优势。因此，在数智时代，编辑需要不断强化自身的核心竞争力，充分发挥人机协作的优势，以确保自身不可替代的价值。

未来，编辑与人工智能工具将是一个深度融合的共生过程，编辑需要具备跨学科的知识、创意的设计能力、数字化工具的运用能力和数据分析的能力，成为出版行业的复合型人才。通过不断学习和适应技术的变化，编辑将能够在数智时代继续发挥关键作用，为图书创作、出版和传播带来更多创新和价值。

参考文献

专著类

[1]王振铎，赵运通．编辑学原理论[M]. 北京：中国书籍出版社，1997.

[2]王自强主编．编辑实用语文[M]. 沈阳：辽宁教育出版社，1998.

[3]全国古籍整理出版规划领导小组办公室编．古籍编辑工作漫谈[M]. 济南：齐鲁书社，2003.

[4]邵益文．编辑的心力所向——编辑工作和编辑学探索[M]. 贵阳：贵州人民出版社，2004.

[5]杨牧之．编辑艺术[M]. 北京：中华书局，2006.

[6]杨牧之．论编辑的素养[M]. 郑州：大象出版社，2009.

[7]周国清．编辑主体论[M]. 长沙：岳麓书社，2009.

[8]张金柱．编辑创新论纲[M]. 太原：山西教育出版社，2016.

[9]李昕．做书——感悟与理念[M]. 北京：商务印书馆，2016.

[10][日]鹫尾贤也．编辑力：从创意、策划到人际关系（经典版）[M]. 陈宝莲，译．北京：北京联合出版公司，2017.

[11]曹维琼、张忠兰．微观编辑学[M]. 北京：人民出版社，2018.

[12]于殿利：出版是什么[M]. 北京：中国传媒大学出版社，2018.

[13]高若海．编辑力十讲：与青年朋友聊做书[M]. 北京：商务印书馆，2020.

[14]裴永刚．中国数字出版产业链整合研究[M]. 北京：中国传媒大学出版社，2021.

［15］陈丹，周卓主编．数字出版与数字传播研究［M］．北京：知识产权出版社，2022.

［16］刘志红．中国学术图书出版研究［M］．北京：中国商业出版社，2022.

［17］陈昕．总编辑叙谈［M］．上海：上海人民出版社，2022.

［18］雷鸣．出版的价值与使命［M］．长沙：湖南大学出版社，2023.

［19］［美］卡罗尔·费舍·萨勒．叛逆的文字编辑——相处之道：作者、同事及自己［M］．卢文婷，译．南京：南京大学出版社，2024.

论文类

［1］徐明松．谈谈选题、组稿与编辑的职业意识［J］．上海大学学报，1987(4).

［2］李荣青，沈志宏．编辑审稿的思维方法探讨［J］．编辑学报，1992(1).

［3］赵运通．编辑策划的理论界说［J］．出版发行研究，1999(3).

［4］丁建平．论编辑审稿与专家审稿之异同［J］．出版发行研究，1999(5).

［5］吴国盛．学术作品的编辑体例与格式亟待规范［J］．学术界，2001(3).

［6］丁春．论编辑审稿能力与提高刊物学术质量的关系［J］编辑学报，2002(3).

［7］霍雨佳．平淡中发现价值 雕刻中寻求美感——浅谈编辑审稿意识与加工艺术［J］．出版发行研究，2002(11).

［8］丁春．编辑审稿：误区·问题·对策［J］．编辑学报，2008(3).

［9］邵凯云．学术期刊责任编辑应如何对待专家审稿意见［J］．科技与

出版，2011(3).

[10]韦春明．谈谈编辑初审中不同阅读层次的适用[J].传播与版权，2011(10).

[11]常思敏．科技期刊编辑创新性的层次分析[J].编辑学报，2012(2).

[12]张忠兰．做好每一本书是最快的成长之道——从《工运领袖刘少奇》说开来[J].新闻传播，2012(3).

[13]白薇．地方高校期刊编辑的困惑与出路[J].编辑之友，2014(12).

[14]高巍．编辑加工中应注意的几个问题[J].山西财经大学学报，2016(4).

[15]郜书锴．国际顶级学术期刊审稿机制的启示——试论学术论文审稿的四项原则[J].中国编辑，2016(5).

[16]许海丽．论学者化编辑在高校学报三审制中的审稿优势[J].泰山学院学报，2017(2).

[17]杨咏梅．现代编辑领军人的成长特点及成长机制探析[J].数字传媒研究，2017(7).

[18]钟边．心存敬畏 做好出版——专访上海交通大学出版社总编辑刘佩英[J].中国编辑，2017(7).

[19]周慧琳．提升编辑素质 增强文化自信[J].中国编辑，2017(12).

[20]张静，古丽亚，王雪峰，吕国华．资源梳理对科技期刊青年编辑成长的促进作用[J].编辑学报，2018(1).

[21]隋丹．浅议编辑成长阶段论[J].传播与版权，2018(2).

[22]包晓光．新时代语境下传统文化创造性转化创新性发展的几个问题[J].湖南社会科学，2018(3).

[23]沈正赋．传统文化创造性转化和创新性发展中的媒体角色认知[J]．编辑之友，2018(4)．

[24]王巍．出版社强化审稿业务管理探究[J]．传播与版权，2018(8)．

[25]周百义．构建出版社编辑人才队伍成长机制——以长江文艺出版社为例[J]．出版广角，2018(11)．

[26]迟云．一个编辑的视角：如何做好选题策划[J]．中国编辑，2019(1)．

[27]刘永庆．学术期刊编辑审稿作为的思考及技巧[J]．编辑之友，2019(1)．

[28]阮晓菁，肖玉珍．习近平关于“中华优秀传统文化创造性转化、创新性发展”论述研究[J]．思想理论教育导刊，2019(1)．

[29]刘博．精品力作与优秀编辑人才成长探索——以“数据科学与大数据技术专业系列规划教材”为例[J]．传播与版权，2019(3)．

[30]刘琪．以稿件讨论会提升编辑审稿能力[J]．出版与印刷，2019(4)．

[31]骆瑾，王昕．重视信息整理和使用 助力科技期刊编辑成长[J]．编辑学报，2019(5)．

[32]王运平．论学术期刊编辑自我成长三大功力[J]．中国出版，2019(9)．

[33]植天鹏．从审读质检的角度看编辑“四力”的培养[J]．出版广角，2019(18)．

[34]周蔚华．重新理解当代中国出版业[J]．出版发行研究，2020(1)．

[35]管一凡．从选题策划到价值实现 试论地方出版社如何做好主题出版[J]．出版与印刷，2020(4)．

[36]药蓉．新时代年轻编辑职业成长的必备能力探究[J]．科技与出

版，2021(2).

[37]胡娇．掌握编辑加工要点，提高图书编校质量[J]. 出版参考，2021(4).

[38]范桂红．地方古籍出版工程的内容策划与管理运营——以《贵州文库》为例[J]. 出版广角，2021(6).

[39]苏轼．地方出版社主题出版发展进路探析——以《从石库门到天安门：百年大党的红色地标》为例[J]. 出版广角，2023(4).

[40]郝婷．高质量发展背景下地方出版社主题出版选题开发策略研究——基于陕西地方出版社入选国家主题出版规划项目的选题调研[J]. 科技与出版，2023(6).

[41]韩腾飞．地方人民社的主题出版探索之路——以福建人民出版社为例[J]. 出版参考，2023(8).

[42]张旭，张闯．以地域特色赋能地方主题出版的路径探析[J]. 出版广角，2024(2).